產業隊長教你
看對主流產業
選飆股

張 捷◎著

第1章 扎穩根基──立定產業研究之路

第6章 實戰應用──熱門產業分析示範

推薦序 致富需要終身學習

林適中

一直以來，參與股市卻賠錢的投資人，在市場上占絕大多數，包括許多聰明絕頂者、高學歷者、成功的企業家、名律師、名醫、科學家、音樂家……等；不難發現，投資失利的原因，顯然與智商、知識、學歷、行業、性向、年齡無關，而是與態度有關！

許多人進股市，往往抱著想賺快錢、撈一票的打劫心態；我們有聽說過靠搶劫能致富的嗎？態度決定高度，理財就要致富，致富就需要終身學習。

認識我的朋友都知道（不認識的請 Google），我總是以集中大量買進一檔股票而大幅獲利倍數或數倍，持有時間 1 個月至 1 年、2 年不等。

持有股票，就是要享受這家企業在未來的某一段時間大發利市，並能估算理解其成長模型（編按：本文作者為資

深投資人，2004 年買進中菲行（5609）、2007 年買進農林（2913）皆獲利超過 1 倍；2017 年下半年時大量布局離岸風電概念股世紀鋼（9958），2018 年共獲利數億元）。

我經常被問道：「如何能像你一樣優游股海？」我說：「在股海中待上 20 年就可以了。」其實每當回答這句話時，心中總是百感交集；縱使股海翻騰、浪裡來浪裡去，總能化險為夷，但要我細說從頭，還真是千頭萬緒……，這可是個大哉問啊！

直到 2020 年 4 月 15 日，張捷邀請我為他新書寫序，4 月 23 日看完主編黃嫈琪小姐寄給我的完整初稿，內心激動萬分！心想：「還在股海中浮沉的投資朋友們有福了！」這本書把我千言萬語、不知從何說起的投資心法與體認，就這麼深入淺出、行雲流水地，完完全全說了個明白。

產業的成長力道，不會只是一年半載就結束；處在正確趨勢當中的公司，獲利成長的幅度，也不會只有 5%、10% 就停止。有心從產業面研究投資的朋友，如能完整閱讀本書，並且反覆咀嚼，必有打通任督二脈之效。

我也替讀者們感到慶幸，在投資的旅程中，能有張捷相伴，共同成長。所謂名師難尋、益友難覓，我亦曾選修過兩季課程（產業隊長系列課程），深覺應該多抽空進修，與時俱進。

　　在此預祝，把握這千載難逢機緣的投資朋友們，財富自由、優游股海。

資深投資人

林適中

推薦序 少犯錯誤便能提高勝率 張真卿

對於台灣的投資大眾而言，最容易接觸到的投資工具是股票，雖然股票很容易投資，但是要做得好確實很難。

股票投資有3項重點：1.「買什麼、賣什麼」；2.「什麼時候買、什麼時候賣」；3.「怎麼買、怎麼賣」。

所謂「買什麼、賣什麼」是指投資標的物的選擇，也就是選擇股票；所謂「什麼時候買、什麼時候賣」是指買賣時點的掌握，也就是選擇進場和出場時點；所謂「怎麼買、怎麼賣」是指投資策略的決定。

依據我長期在資本市場的經驗，以基本分析選股，技術分析決定買賣時點，同時擬定投資策略，是投資股票立於不敗之地的不二法門。

基本面是指觀察總體經濟、產業前景和公司經營績效，

投資人以基本面找到優質的股票,然後放在自選股中(stock pool),每天觀察技術面的變化;當技術指標出現買進訊號時,立刻擬定投資策略進場買進,並隨盤勢進行修正。當然股市變化無常,所以要懂得風險控管,將損失設定在可承受的範圍內,如此投資股市才能立於不敗之地。

人稱產業隊長的張捷,是我國立成功大學的學弟,對股票市場充滿熱情;畢業後到亞東證券擔任研究員、電子組研究部主管和基金經理人,2013 年加入私募基金團隊,操作績效卓著。

他的投資邏輯是選股前先選產業,從產業源頭尋找適合標的,他自創的「基本分析七龍珠」、「交易心法七龍珠」更是投資股市致富的圭臬。

近幾年張捷接受各大財經雜誌的邀約,開設股票投資課程,由於課程內容扎實,分析的標的幾乎都成為飆股,學員蜂擁而至,班班客滿,成為股市投資的大名師。

前些時日他告知本人,他最近完成一本大作,書名為《產

業隊長教你看對主流產業選飆股》，並贈我一本初稿。我翻讀了一遍，發現此書真是我夢寐以求的一本投資武功祕笈。張捷在本書中分享他精研產業多年的心法，綜合產業面、基本面和籌碼面進行選股，再配合技術面找到對的進場時機。

這本書內容豐富，共分6大章，分別是第1章「扎穩根基——立定產業研究之路」、第2章「選對方向——確認產業成長力道」、第3章「專注分析——獲取產業正確資訊」、第4章「交易策略——看對、壓大、抱長」、第5章「必勝心法——躋身產業投資贏家」、第6章「實戰應用——熱門產業分析示範 」。

拜讀後發現其著作最大特色是文筆流暢，言簡意賅，論述詳實，讀來一氣呵成。每個章節，作者都先加以精簡說明，進而舉案例深入淺出闡述，讓讀者容易了解。

此次蒙張捷不棄，在這本新書付梓前的第一時間，囑我為此書寫序文。在歷經多日翻讀後，發現這本書亦承襲其產業選股的特色，是許多投資讀者引頸企盼的一本好書。

也期盼讀者能藉由這本書，在投資股票的過程中，少犯錯誤便能提高勝率，操作股市致富。能為此書序，亦為本人最大榮幸。

名財經作家

張真卿

烏雲之後必有晴空

張智超

「趨勢為友、情緒為敵」一直是我個人在股市操盤的手法，但要達到此境界，「趨勢為友」必須藉由產業研究與公司分析，才能明辨趨勢；「情緒為敵」則必須修練自己的情緒管理，時時刻刻逆向思考，反情緒操作。

投資人如果可做好風險管理再加上「趨勢為友、情緒為敵」，我相信必定可以提升交易獲利。

股票市場上，賺錢方法很多種，多數投資朋友以技術面為依歸，近年來更多投資朋友以籌碼面切入，而存股族常以財報面當作投資的依據；這些方法有其容易觀察的優點，但卻又常常被「隨機性」所愚弄。

經驗豐富的投資人，則可藉由成熟的交易手法與停損紀律維持穩定獲利；但若能在技術面、籌碼面與財報面外，多加入產業面的前瞻資訊，我相信將會有效提高勝率。

市場上的股票投資書籍汗牛充棟，然而可惜的是，具備產業研究背景的作者卻如鳳毛麟角。

張捷是我在股票市場的好友，研究方法我非常贊同——堅持基本面選股，堅持親自拜訪公司，堅持停損的紀律。

在股市當中，我見過許多大起大落的操盤人，能穩健獲利的卻是非常少數，張捷就是少數中的贏家。我非常認同其「聚焦」集中持股的原則，更欣賞他勤於拜訪上市櫃公司的恆心與毅力；重要的是，他對產業趨勢的研究有其獨到之處，並自創「基本分析七龍珠」，對於飆股的掌握能力令人尊敬。

張捷與我都有類似的經驗——初入股市，不了解風險而產生大虧損；但幸運的是，我們都有把負面挫折當成正面的禮物，不放棄任何學習成長的機會，努力拜訪公司、研究產業。我們相信，烏雲之後必有晴空，這本書將是投資人撥開烏雲的關鍵！

投資要成功，取決於3大面向：1.選股、2.擇時、3.資

金與風險管理，並時時告訴自己「趨勢為友」、「情緒為敵」。要達此境界，本書的邏輯與觀念，將會是投資人重要的修練工具。這是一本實用的好書，本人非常榮幸推薦給大家。

創富創業投資股份有限公司董事長

張智超

跟隨趨勢走 憂慮不須有　張捷

我是產業隊長，張捷。千呼萬喚始出來，學生與粉絲們敲碗要我寫書；但平日除了拜訪公司，參加法說會外，還要花大量的時間閱讀產業與個股研究報告、思考與篩選投資標的，寫書的時間實在有限。

但我對這樣的生活樂此不疲，這是我對投資的熱忱，這是我喜歡的生活。

生活即投資，投資即生活，我秉持著誠、勤、樸、慎的原則做人與寫書，儘管難產了 2 年，終於完成。書裡面也許一個想法，一個觀念，能幫助到投資人，就是值得開心的事情。

我退伍後就在法人圈當研究員與操盤人至今，陰錯陽差地出來教學授課；授課的初衷是縮短法人與散戶的資訊落差，資訊的落差在股市裡，就是資金的落差，腦袋的深度

決定口袋的深度！

「故事若精彩，無須另安排；產業有題材，買盤必自來。」
正規的外資與投信，都是開大門走大路，賺產業上中下游
的錢；他們深入研究基本面、理解公司經營方向、跟隨正
派經營階層，賺的是大主流趨勢的錢。研究好對的產業，
做好基本功，公司有業績、有成長、有獲利，你覺得籌碼
會不會來？線型會不會轉強？

跟隨趨勢走，憂慮不須有。投資其實是沒有捷徑的，而
且因為牽涉到金錢，一旦面臨了虧損，資產走了回頭路，
要回升更是艱辛。例如百元股票跌至腰斬只需 5 天、6 天，
但要從低價漲回得花費九牛二虎之力。

選對的路，縱有小傷，不致斷頭；小傷害隨時翻本，重
傷害無法翻身。建議投資人不要急功近利、不要病急亂投
醫，一步一腳印！

引用美國前總統林肯（Abraham Lincoln）說過的話：「我
走得很慢，但我從不後退。」投資理財的路上，選擇對的

方法，最辛苦的方法，往往最快；扎扎實實地研究產業與基本面，就是避免後退，並且是最快到達目標的捷徑。你是否曾經靜下心來捫心自問：「我，走在對的路上嗎？用了對的方法嗎？選擇對的方向學習了嗎？」

　　大家一致推崇的投資大師，從喬治‧索羅斯（George Soros）、華倫‧巴菲特（Warren Buffett）、彼得‧林區（Peter Lynch）、安德烈‧科斯托蘭尼（André Kostolany）等，哪一位不是踏實的研讀財報、學習總經、拜訪公司、了解經營階層、思考財政貨幣政策、深刻體驗生活、觀察產業脈動、發掘高成長與價值被低估的好公司？知易行難，大家都知道怎麼做，那為什麼偏偏要從簡單易學的捷徑開始？而不跟隨大師？

　　我認為一般散戶的盲點在於缺乏執行力，以及缺乏滴水穿石、夜以繼日的堅持。一天進步一點點是很容易的事情，但是，你願意堅持多久？投資絕非一蹴可幾，更沒有速成的靈丹妙藥！

　　讓懂產業的人來幫你，這本書是市面上少數分享如何挑

選對的產業、運用基本分析法,以及如何拜訪公司的投資書籍。讀者透過本書,能縮短思考與做決策的時間、避免繞遠路、學習正確的產業分析與投資方法。從源頭管理提高勝率後,讓賺大賠小、贏多輸少變得自然。

當然,本書中還有精彩的產業案例,與交易策略、技術面及籌碼面的應用,以及心理盲點的剖析。期許本書能夠幫助大家,一起讓資產大漲小回,階梯般的上升,一步一腳印,一階一階的邁向財富自由的天堂!

最後,我想藉由此書,感謝上過我課程、參加過我講座的投資先進與學生們,你們的支持與鼓勵,是我持續進步的原動力!感謝同業與同事、各上市櫃公司高層不吝指導!最重要的是感謝我的母親,辛苦的撫養我長大;感謝我的岳父母;也感謝妻小,總是犧牲老公與把拔與她們相處的時間。

投資,讓我的生命充滿色彩;同樣的,它也會成為你生命中的彩虹!(Investment colors my life and it could be a rainbow in yours!)把此書獻給願意選擇正確的產業,正直

公司的投資人們。在未來的路上，我們都會遇見更好的公司，遇見更好的自己！

　　股市裡事情挑困難的做，賺錢才會變得簡單。產業功夫做得深，飆股常常會發生。好的產業與對的公司，就是你腳前的燈，就是你投資路上的光。不論夜有多長，天有多黑，亮光，它一直都會在！一直都會給我們方向與指引！

產業隊長張捷

扎穩根基——
立定產業研究之路

1-1 操作期權大賠200萬元 站穩腳步後潛心鑽研股市

一般聽明牌的投資人,問他買了什麼股票,他大概只答得出股票名稱和股價。所投資的公司是生產什麼產品?公司每年賺多少錢?營運有沒有成長性?恐怕一問三不知。也因此,一買進股票之後,每天的心情都跟著股價變化上下起伏,每次交易如果不是小賺,就是大賠,始終無法賺到令人豔羨的獲利。

我 18 歲對投資開始有興趣,2008 年退伍後入行當研究員;到 2020 年為止,我接觸投資大約 22 年,從當研究員以來累積了 12 年的經驗。我的電腦裡,每個產業都有一個專屬的資料夾,裡面放滿了我蒐集多年、每次拜訪的公司報告與筆記、整理起來需要研讀的資料;若要把這些資料全部印出來,每個資料夾內的張數肯定是千張起跳。一般人看到這麼大量的資料,大概沒什麼耐心看完,而它們正是我挖掘產業飆股的寶庫。

當你問到我熟知的股票,小從毛利率、每股盈餘(EPS)變化、產品結構等,大至它的上游廠商、下游廠商、競爭廠商、產業成長性等資訊,我都可以如數家珍。正因為對公司有充足的研究,實際投資時,我也秉持著看對、壓大、抱長的波段主流產業選股操作。

對產業研究充滿熱情,夢想成為專業投資家

我的投資獲利邏輯是「抓住產業成長趨勢」,當產業有明顯成長性,相關個股的業績明朗,自然能吸引法人與主力資金進駐,帶動股價走出一波上漲榮景。

當然,這也不表示買進的每檔股票,100% 能夠在買進後快速上漲;因此做好資產配置,以及做好停損的準備,都是投資過程不可或缺的一環。

然而,假設一個投資組合當中有 5 檔股票,只要抱對 1、2 檔大飆股,就可能獲取 30%、50%,甚至倍數以上的高報酬!偶有漲勢不如預期,或是基本面改變的股票,就以停損處理,不至於對整體資產造成傷害。可以說,把握住

選股、資產配置、進出場時機等重點，就等於抓住資產大幅成長的關鍵。

常有人問我，為什麼能對產業研究得如此深入？理由很老套，卻是事實——因為我有燃燒不完的熱情。回想起來，當我對某項事物產生極大的興趣，就會傾盡全力去探索。像是在學生時期，我的夢想是成為天文學家，就讀台南一中和剛上成功大學地球科學系時，都加入了天文社，留下了許多追星的足跡。

我曾到阿里山塔塔加露營，徹夜看著銀河、星座的東升西落；也曾到墾丁龍磐公園，追逐海爾波普彗星；當然不能錯過到曾文水庫，親眼目睹難得一見的流星雨。

雖然念書不算特別用功，但我特別喜歡閱讀。舉凡翻譯小說、古典文學、漫畫、哲學等課外讀物都沒有錯過。某天，我在圖書館翻到了「股神」華倫・巴菲特（Warren Buffett）的書，第一次知道，原來靠「投資」，竟有機會成為世界數一數二的有錢人！我開始對股票投資燃起濃厚的興趣，夢想成為專業的投資家。

自學考取7張金融證照，跨領域學習財務知識

整個大學時期的後半段，我沉浸在無數的財經書籍當中，並且每天閱讀《經濟日報》、《工商時報》；也像所有剛學習股票的人一樣，學了幾招技術分析方法就急著拿出身上的積蓄，買買股票小試身手，只不過投資績效平淡無奇。

大學畢業後我選擇直接入伍，我認真思考未來的人生後，決定要深耕投資領域。於是我在服兵役期間自學，陸續考到了7張金融證照，閒暇時也沒有停止研讀投資知識，只為了退伍之後可以在股市當中一展身手。

另一方面，我也認真準備企業管理研究所（MBA）考試，希望能從理工科系，轉戰到真正有興趣、與投資相關的企業管理研究所，一心只求能為投資累積扎實的基礎。

記得我在農曆年之後退伍，研究所的考試應該是在6月、7月。準備了幾個月之後，報考了好幾所企管相關的研究所；考完試等放榜的同時，因為對股市有太強烈的熱忱，來不及管有沒有上榜，便興匆匆的面試當了證券營業員。

只不過，在開始受訓之前，我短暫的營業員壽命便中斷了，因為我考上了台南師範學院（現為台南大學）的科技管理研究所，攻讀經營管理碩士（MBA）學位。

研究所時，由於目標與未來都漸漸明朗，我在財務分析、策略分析、投資學、行銷、購併等股市與金融相關的課程都十分努力。碩士論文寫的是「類神經網路分析企業購併」主題，研究方法是利用類神經網路軟體，再加上國外學者在期刊與論文當中提出來的財務指標，預測企業購併案的未來股價表現。

舉例來說，輸入大量的已發生購併案件的財務指標，例如 2 家公司的負債比、股東權益報酬率（ROE）等數十個財務指標；然後透過電腦分析龐大的數據，搭配購併後股價報酬率當評斷標準，讓類神經網路不斷學習與分析大量的舊數據；得到參數後，即可用來評估將發生的購併案件，然後預測未來此公司股價績效；並以企業購併後，存續公司後續股價績效為評斷結果。

早在 2006 年，我就應用類神經網路軟體，也就是如今

蓬勃發展的 AI（Artificial Intelligence，人工智慧），以及類神經網路，也就是現今的機器學習，製作企業財務報表與指標的大數據分析。雖然當時不了解什麼是「大數據」，使用的也不是超級電腦運算，輸入的購併案例也不過幾百件，但是現在想想，當時我也算是走在時代的最前端！

操作期權滾出2桶金，卻因不甘停損賠光資產

就讀研究所 1 年級時，我看了聯經出版的《我要獲利：期權贏家筆記》系列書籍，內容是取自寶來曼氏期貨舉辦的萬人期貨及選擇權比賽，冠軍的年度累積報酬率竟高達 24 倍。

書中介紹了參賽贏家的投資行為和績效，每位參賽者分享了他們的投資經驗、致勝關鍵；他們的職業有工程師、設計師、專業操盤人等。看完書之後，我心中萌生「有為者亦若是」的雄心壯志，一頭栽進期權市場。

接下來的故事，跟一般投資人大概沒什麼兩樣。初期難免有所謂新手的運氣，我以 20 萬元的本金進入期貨市場，

操作台指期（台灣指數期貨）及選擇權買權；使用的分析工具是技術分析方法，看到指數帶量突破 1 分鐘線或 5 分鐘線就買進，下殺出量就賣出放空。

從選擇權買權、小台（小型台指期貨）到大台（台指期貨），從金融期貨到電子期貨；東搞西弄地，也把 20 萬元滾成了 200 萬元，這是我人生第一次在市場上賺到的 2 桶金。

有了 2 桶金，難道就能從此過著幸福快樂的日子？故事當然沒有那麼簡單。這筆 200 萬元只不過是帳上獲利，接下來我開始放大部位，也開啟了悲劇的序幕。

操作小台的時候，以 1 口為 1 個單位，大盤每漲跌 1 點，以 50 元計算；若買進 1 口多單，大盤不漲反跌，跌個 20 點就是賠 1,000 元，就算買 3 口也只賠 3,000 元，停損很容易，損失也沒有多大。

然而操作大台的時候，以 1 口為 1 個單位，大盤每漲跌 1 點，是以 200 元計算。如果我買進 3 口大台指多單，停

損個 20 點，就是賠掉 1 萬 2,000 元；若連輸 3 天，就是輸掉同班同學打工 1 個月賺的錢。

早期就算是操作大台指，我也多以 1 口為單位；但我開始擴大買賣部位後，因為不只買 1 口，每天帳上損益金額大幅波動，無情地侵蝕著我那脆弱的技術分析實力。

短短時間內，我完全被心魔吞噬，陷入追高殺低的循環，把「停損」拋諸腦後，抱持著「再等看看會不會漲回來，就會賠少一點，等賠少一點再賣」這種心態，後果就是愈賠愈多，愈不想停損。

套牢多了，更不敢看，選擇權買權抱到權利金歸零，台指期抱到結算日，毫無紀律可言。然後當然就是面臨期貨保證金被追繳，繳不出來就只能「畢業」，迎來我人生的第一次破產。

檢討這次失敗的原因有 2 個：1. 缺乏總體經濟知識及判斷方向的能力；2. 因為剛進市場，無法以平常心面對損益數字，心理影響操作紀律。我的 2 桶金，悄悄地來，又無

聲地走，沒有帶走一片雲彩，終結我的期權夢。

錢賠光了，只好從零開始。幸好在當兵期間考到了 7 張金融證照，讓我在念研究所的同時，還能兼任保險業務員，得以慢慢儲備積蓄。這一次，我決定站穩腳步從此潛心研究股票市場。

1-2 用「由上而下」分析法挖掘產業中的好股票

　　就讀研究所時期，除了投資學、經濟學等相關課程，我仍然持續閱讀課外投資書籍。記得當時偶然看到 1 本書《一個投資分析師的告白──華爾街牛肉場》，作者安迪‧凱斯勒（Andy Kessler）出身於電機工程相關科系，曾擔任晶片研發程式設計師，而他後來進入了投資公司，從事產業分析師工作。

　　書中生動描寫了華爾街分析師與研究員的工作，也敘述了產業內光怪陸離的現象。我被分析師、研究員這樣的工作深深吸引，因為能夠站在第一線，盡情地了解有興趣的公司、摸熟它們的產業生態與公司運作方式，對了解股市投資肯定大有助益。

　　此時，對投資有極大熱忱的我，立馬清楚地明白，「這就是我心目中最嚮往、最想要的工作！」於是在研究所畢

業時，完全沒有考慮就讀科技管理研究所，教授幫我們累積的產業人脈，也完全沒有考慮進入台南科學園區裡的知名大企業工作，我一心只想當研究員，沒有其他念頭。

也因為券商、壽險、投顧自營等研究員職缺皆在北部，我便毅然決然決定離開南部，北上打拼；求職時，只針對「證券公司研究員」這個職務類別投遞履歷。

從研究所畢業正好是 2008 年，也就是金融海嘯那一年。因為在畢業前早已決定了職涯方向並且求職，早在論文寫完之時就頻頻北上面試，很幸運地，當年 6 月一拿到畢業證書，就順利地到遠東集團亞東證券研究部門報到，如願以償地當上了研究員。

金融海嘯是一場在 2007 年 8 月 9 日開始浮現的金融危機，肇因於美國次級房屋貸款市場的大量違約，投資者因為對抵押證券的價值失去信心，引發流動性危機。

即使多國中央銀行多次向金融市場注入鉅額資金，依然無法阻止這場金融危機的爆發。直到 2008 年 9 月，金

融危機開始失控,並導致多家大型金融機構倒閉或被政府接管,並引發經濟衰退。那一年,台灣加權股價指數從2008年5月的9,309點,一路崩跌到11月的3,955點。

股市的崩跌與大幅修正,對於當時剛進社會的我來説,個人財務上並沒有受到衝擊;因為根據金管會規定,證券商從業人員不能買賣上市櫃股票,我也理所當然躲過金融海嘯的股市大空頭,並且摩拳擦掌準備在工作上全力衝刺。

先從次級資料著手,再深入研究產業鏈

研究員其實是很有趣的工作,主要工作是訓練「由上而下」(Top-down)的產業分析,從當時適合的產業當中,尋找適合投資的個股(另1種相反的分析法則是「由下而上」(Bottom-up),透過不斷約訪公司、訪廠、參加公司法説會、從大量研究個股基本面出發,尋找對的公司,再等合適時機買賣)。

我第1個負責研究的是光電產業,也就是面板加上 LED(Light Emitting Diode,發光二極體)產業。當時面板產

業屬於「兩兆雙星」當中的影像顯示產業（兩兆雙星為 2002 年起政府扶植的產業：兩兆指兩個預計產值達新台幣兆元的半導體、影像顯示產業；雙星指數位內容及生物技術產業），而 LED 也是當紅的炸子雞。

剛開始我先在公司裡研究次級資料，例如分析 TRI（Topology Research Institute，拓墣產業研究院）、ITRI（Industrial Technology Research Institute，財團法人工業技術研究院，簡稱工研院）、MIC（Market Intelligence & Consulting Institute，資策會產業情報研究所）等研究機構的資訊，先對整個產業的未來有方向與看法。接下來，再深入研究整個產業鏈。

以 LED 產業為例（詳見圖 1），必須了解上游是晶粒製造廠，中游是封裝廠、模組與關鍵零組件廠，下游則有 LED 照明廠（如燈具、路燈、車燈等）。

而上中下游又有哪些廠商？各廠商的市占率多少？先將產業鏈的資料收集好，仔細研讀，之後就能夠分析此時是不是適合投資該產業的時機？如果適合，就要進一步從產

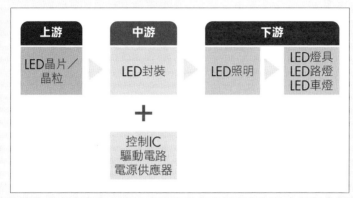

圖1 **LED產業下游為照明廠**
LED產業上中下游結構

上游	中游	下游
LED晶片／晶粒	LED封裝	LED照明 → LED燈具 LED路燈 LED車燈
	＋	
	控制IC 驅動電路 電源供應器	

資料來源：產業價值鏈資訊平台

業當中挑選適合的個股。

　　再以面板產業來說，研究員需要研究各國的面板廠布局，例如中國面板廠商布局進度、韓國擴廠情形等，包括各國新投資的 8.5 代廠、產能、良率、影響整體供需狀況、經濟切割率、最適合生產尺寸、整體電視尺寸成長率、偏光板、背光源、新技術發展等主題。充分了解這些資訊，就能用來評估面板產業的景氣榮枯。

頻繁拜訪公司，每年平均寫197篇研究報告

除了研讀次級資料，研究員最重要的工作內容就是實地拜訪公司。從產業上游拜訪到中下游，把從公司獲得的個別資訊做出整合，盡可能架構起全面且立體的資訊，進而了解 1 個產業供需狀況，並且推估未來的短期、中期、長期遠景；同時也要根據個別公司的競爭力、市占率、基本面等，找出最值得推薦給客戶的個股。

經歷了一連串的訓練，我才發現，原來以前身為散戶時的投資方式，只是片面地了解一些次級資料，或者是看了新聞，簡單翻閱財報，就貿然買進與賣出。要認真投資 1 家公司，原來有這麼多的東西可以研究、需要這麼多角度與構面的思考，以及如此嚴謹的分析流程。

現在回想起來，研究員這份工作需要付出極為大量的時間、體力與腦力，從早上 6 點起床，7 點半之前要到公司，整理總經數據、讀報、晨會、看盤、準備訪廠資料、參加法說會、回家思考與預估損益表完成報告，基本上 1 天工作 16 小時是家常便飯，我也才能在有限的時間內完整分

析產業與各家公司，撰寫出研究報告給基金經理人參考。如此高強度的工作方式，如果缺乏高度熱忱，恐怕很難堅持下去。後來，我在菜鳥研究員時期的同事，沒有繼續留在業界而轉職或轉行的，應該占了7成！

但是對於原本就對投資充滿興趣的我來說，一點也不覺得辛苦；尤其是每一次完成產業研究報告、公司拜訪報告之後，我知道自己的實力又更上一層樓。能夠吸取這麼豐富的知識，還能有薪資收入（雖然是高工時、低工資），對我來說，這簡直是天底下最完美的工作！

蘋果（Apple，美股代號：AAPL）創辦人史蒂夫‧賈伯斯（Steve Jobs）就說過，他深愛他的工作，每個人都必須找出自己所愛。由於工作占據了生活大部分時間，唯有相信自己做的是偉大的工作，才能真正獲得成就感。

要如何在工作中精益求精？我深信「大量」是成功的重要關鍵！如果身為1名銷售員，花愈多時間接觸客戶，就愈能掌握與人互動、賣出商品的訣竅。如果身為體育選手，大量的練習，將會訓練出更敏銳的反應、積累強大的實力。

因此，身為產業研究員的我，就要衝刺「拜訪公司的數量」。我深信勤能補拙，認識愈多公司，愈能增進我的知識廣度與深度。

於是我幾乎天天都在外面拜訪公司、參加法說會，不管是新竹、新北五股、南投、高雄，全台灣跑透透。多拜訪公司，認識不同的同業，擴展自己的人脈。在我擔任研究員的 3 年內，每年研究報告平均產量約在 197 篇，常是全公司研究員排名的前 3 名。

推薦股票績效佳，工作3年升任基金經理人

記得在擔任研究員第 1 年時，經歷台股金融海嘯最低跌到 3,955 點（2008 年 11 月），隔年過完農曆年後，我曾拜訪的廠商紛紛表示，2008 年第 3 季急凍的訂單，又陸續回來了。

之後伴隨著基本面的復甦，股市又展開強勁的反彈，到 2009 年底，台灣加權股價指數漲至 8,188 點，整整大漲了 1 倍。

就以我當時研究的光電產業來說，不管向客戶推薦什麼股票都會漲，只是漲多與漲少的分別。例如當年 LED 產業剛萌芽，產業從上游晶片旺到中游封裝、下游照明，上游的藍寶石基板還缺貨。產業的終端應用從路燈到電視背光源，不管是什麼都漲。

後來又研究電子商務，搭上了 2010 年運營線上購物平台 PChome 的網家（8044）、商店街（已於 2018 年由網家全數收購下櫃）股價起飛的時點。

就這樣，當了研究員 2 年半，因為推薦股票績效相當不錯，得到長官的賞識，升任為研究部電子組組長。這個階段的我，除了持續原本研究員的工作外，也把過去所學的研究員基本訓練，以及拜訪公司的訣竅，有系統地訓練新進研究員。

擔任電子組研究部主管半年之後，也就是 2011 年，我順利進入操盤室，擔任基金經理人。以我當時任職的證券公司來說，工作 3 年就轉任基金經理人，算是很快的速度。那一年，我剛滿 30 歲。

擔任操盤角色，更能提升投資思考高度

基金經理人跟研究員的差別，在於有沒有操作客戶的資金，操作上其實有非常多嚴謹的規範，在我的投資生涯當中又提高了一個層次。例如，操作 3 億元的基金，必須針對現階段的整體情勢，對應現在的大盤相對位置，理出一個大方向，再決定持股比重的高低。

判斷整體方向時，需要考量的要點包含國際重要指數、三大法人買賣超、外資期貨淨多單，融資融券水位等資本市場變化；以及總體經濟的指標判讀，包括 GDP（國內生產毛額）年增率、景氣燈號、PMI（採購經理人指數）等；更不能忽略整體經濟環境、區域經濟的情勢等。

決定持股比重之後，再來要考慮資產配置，例如要買幾檔股票，每檔股票要買多少資金、買幾次、可買入的價格區間、停損點等。

經理人的訓練就是「分析→決策→記錄」的過程，使用的是相對嚴謹的方法，讓我見識到不同的思考高度。

以前當研究員時總是見樹不見林，辛辛苦苦跑到中南部，發掘到 1 家好公司，就覺得是未經雕琢的鑽石；但往往也不是我 1 個人去拜訪過、聲嘶力竭地推薦，就會變成眾所皆知的寶石。當時我找的有些股票，就像 8 點檔鄉土劇的男主角，1 年總是要被欺負 364 天，到最後 1 天才能出頭天；而真正出頭天的時候（受買盤青睞、股價推升），客戶也早忘了我有發出這篇研究報告。

以 3 年研究員資歷當上基金經理人，職務內容多了盤勢分析的撰寫，也要出席全省營業據點的巡迴演講。說實話，當時我對總體經濟、大盤分析、資金配置及產業趨勢的發掘，都並未達到爐火純青的境界，操盤績效也沒有特別傑出。我知道我必須繼續勤能補拙，透過拜訪公司繼續蹲馬步練功。

我們公司維持著正統的「由上而下」分析法，大家集思廣益討論出幾個產業，試著尋找產業趨勢脈絡，再沿著產業上中下游尋找好公司拜訪。而我當時的工作狀態，只有 1 句話可以形容——我不是在拜訪公司，就是在前往拜訪公司的路上。

1-3 啟蒙恩師＋貴人指點 確立「產業趨勢」投資策略

進入操盤室後，一開始的操作績效陷入不上不下的撞牆期，直到我遇見了我股市的第 1 位啟蒙恩師——源哥。

我尊稱源哥為師父，他是我股市的良師益友，透過朋友的牽線而認識。源哥是上市櫃公司操盤人，縱橫股海多年，傳統的技術派起家，信奉的是技術面與技術線型；舉凡價量分析、MACD 指標分析、型態與 K 線、均線，源哥無一不通，而且完全的逆向思考，是我最佩服的地方。

結合基本面＋技術面，從產業源頭挑標的

遇見源哥之後，我開始跳脫只看基本面的投資主軸，加入了技術面分析到我的投資系統當中，邏輯是這樣的：「產業趨勢決定方向，基本面分析決定每股盈餘（EPS）與目標價，技術面分析確認買賣點與執行停損。」

看好 1 檔股票，要像獵人一樣，等到最合適的買點，精準出手；買到漂亮的均價，基本上就贏一半。買進後，可以靜待股價上漲脫離成本區，也要擬定加減碼時機，適當的調整部位。不只是基金經理人，這也是所有投資人獲得理想投資績效的關鍵。

亞東證券投顧的總經理，人稱砲哥（林錠砲先生的外號），砲哥在我當研究員與經理人時期，教會我們產業選股、產業出發。我學會的另外 1 套常勝心法是「源頭管理」，這算是 1 種「預防醫學」的概念，怎麼說呢？現代人因為多吃少動，各種文明病悄悄上身，一旦生了重病，只能依靠長期服藥來維持身體正常機能。然而，如果能在平時保持規律的運動習慣、良好的作息，並且攝取均衡營養，就有很高的機率將慢性病拒於門外。

藉由「資訊領先」，主力、法人輕鬆賺贏散戶

在股票投資方面，若想避免選到發展趨勢向下的個股，就要從源頭去了解個股所在產業的脈動；產業的力量會大過於公司個別的狀況，只要選對趨勢向上的產業，選股將

會輕鬆許多。

產業趨勢的成型，通常會來自「供給減少」或「需求增加」，不過反應最快的，往往在於最源頭的產業報價或產業訊息，也就是所謂的「資訊領先」，因此需要費時培養產業界與投資界人脈，積極投入田野調查。

而我們拜訪的對象，除了公開的公司發言人體系，也要重視非發言體系的產業界人脈。「春江水暖鴨先知」，產業訊息連結得深，資訊就容易領先投資市場與法人。

主力》利用龐大資金鎖籌碼，炒作拉抬股價

資訊領先有多重要？散戶就是經常居於資訊的劣勢，才容易成為被出貨的對象。像是台股早期的主力，如「股市4大天王」（榮安邱、沈慶京（威京小沈）、雷伯龍（雨田大戶）、游淮銀（阿不拉））與古董張等，都是在股市呼風喚雨的人物。

之所以稱為主力，代表他們可動用鉅額資金，對股價造

成舉足輕重的影響。主力們在股市當中慣用的做法，不外乎以下套路：

1.先針對小股本公司鎖籌碼

鎖定股本較小的公司，精算籌碼。利用龐大資金大幅建立股票部位，也就是俗稱的「鎖籌碼」。

2.利用資訊領先優勢，塑造強勢股，完成出貨目的

鎖籌碼的下一步當然就是拉抬股價，當主力吸收了夠多的籌碼，就能利用籌碼優勢控制股價方向。在拉抬股價的過程中，還要一面炒作題材，例如塑造話題、營造軋空行情等，讓散戶認為這是 1 檔不可錯過的強勢股。當散戶一步步被誘惑進場，主力就能完成出貨目的。

法人》從產業面、基本面出發，低檔大量布局

台股進入法人時代，上市櫃公司也高達 1,700 多檔，早已無法像早期的主力，靠著「鎖籌碼」炒作股價。如今的市場主力，大部分都屬於開產業大門、走基本面大路的法人，例如壽險公司、投信、外資，還有近年來市場上有名

的主力，例如賈姓、林姓、黃姓等，甚至私募基金、主權基金，基本上都是從產業面與基本面出發，運作過程大致是這樣的（詳見圖1）：

1.領先獲得產業及基本面利多資訊

部分更認真的法人，通常能利用產業的知識，以及深厚的基本功與嗅覺，當然還有業界人脈，領先知悉公司及產業利多。例如，發現某連接器的改革，可以讓哪些公司受惠、透過拜訪晶圓廠打聽某 IC 設計公司投片量、知悉某品牌手機將導入新功能等。

再舉例如中國 5G（第 5 代行動通訊技術）基地台，將使用新的 RRU（Remote Radio Unit，遠端無線單元）與 AAU（Active Antenna Unit，主動天線單元）搭配新的散熱模組；或是記憶體報價有可能走高；某產業景氣回溫、接到大筆訂單；某公司打入重要供應鏈……等。由於散戶無法同步獲得這些資訊，就成為所謂的「資訊不對稱」。

2.低檔吃貨，大量布局

當今以產業出發以及基本面資訊領先的法人主力、公司

圖1 法人與主力可率先獲得產業利多訊息

法人與主力做價過程

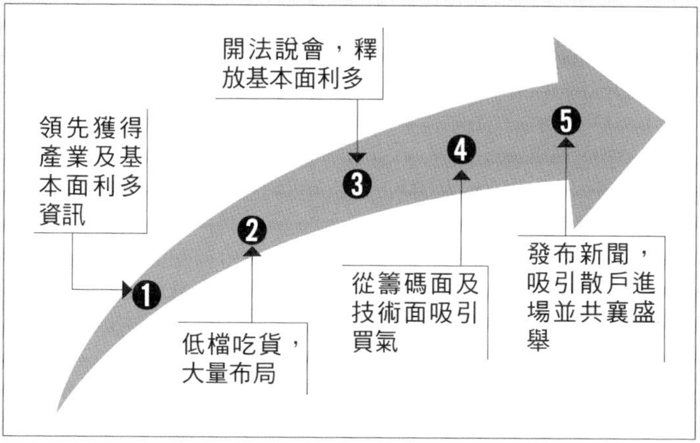

開法說會，釋
放基本面利多

領先獲得
產業及基
本面利多
資訊

❶ ❷ ❸ ❹ ❺

低檔吃貨，
大量布局

從籌碼面及
技術面吸引
買氣

發布新聞，
吸引散戶進
場並共襄盛
舉

派，既然能領先獲得資訊，就能逐步在股價低檔吃貨布局。

3.開法說會，釋放基本面利多

公司開法說會，放出利多，吸引其他的法人及投資人進場。也就是說，公司派高層當然屬於資訊領先的最內圍；而法人（主要是研究員跟基金經理人）透過積極電訪或親訪產業上中下游公司、掌握資訊、參加公開的法說會，可

以領先一般散戶更早得到資訊，成為資訊領先的第 2 層。

4.從籌碼面及技術面吸引買氣

　　許多散戶會觀察籌碼面，尋找法人、主力進場的跡象；而法人、主力也會反過來利用這一點來吸引散戶進場，例如集中在特定券商下單，讓投資人注意到他們的動向。稍微有投資經驗者想必都知道「軋空行情」，也就是放空者會以融券賣出股票，等股價下跌再於低檔回補買進，賺取此段跌價的價差。然而若是股價一路上漲，融券者就會產生損失，此波上漲就被稱為「軋空行情」。

　　雖然法人不能融資、融券，不過懂散戶的主力或公司派卻可以。當公司派或掌握故事與公司消息的新時代主力，已經事前低檔布局某檔個股，為吸引散戶注意，就會創造「假軋空」行情，也就是採取「資券對鎖」手法，同步提高融券及融資張數，讓散戶以為這是一波軋空的上漲。

　　在技術面的部分，當法人籌碼進駐，大資金一進場，報紙媒體一鼓吹，對股價造成拉抬效果；K 線、指標自然就會走出多頭趨勢，看技術面進場的散戶投資者也會留意到

這檔股票。

5.發布新聞，吸引散戶進場並共襄盛舉

最後一招吸引散戶的手法，就是開始在新聞媒體釋放題材，可能是公司派頻頻放出利多消息，也可能是法人接連釋出對公司的研究報告，並持續提高目標價。透過媒體鋪天蓋地的報導，往往能吸引散戶跳進來接手；而先前已在低檔買進的法人、主力大戶，就能將手中籌碼釋出，賺進大筆價差。

現在的主力要的是題材、產業故事，拉股票自然有底氣、自然事半功倍。例如國外私募基金，拚命在找 AI（Artificial Intelligence，人工智慧）及電動車相關的好公司布局，看的都是未來的成長性，算的都是未來的 EPS。像是前年大漲的矽晶圓產業，當時的故事就規畫到未來、供需分析已經分析到後面好幾年去了。

而我當時身為基金經理人，想要創造優異的績效，自然不能落後於其他法人。我知道，如果想要做好「源頭管理」，至少要跟其他法人、主力，研究一樣的主流產業、看一樣

的趨勢、聽一樣的故事、關注一樣的股票、思考一樣的目標價。

別人知道的訊息，我不能錯過，而且必須更深入地研究；如果能夠領先他們獲得資訊，我更能夠提前布局，立於不敗之地。這也就是往後奠定我從源頭管理、全球視野、產業深耕、獲利為王的由來。

散戶想要與法人、主力大戶同步獲得資訊，雖然有其難度，不過還是可以想辦法拉近差距。建議散戶可以把自己當成法人或主力，跟他們站在同樣的高度思考，也就是往源頭找產業趨勢；只要掌握到對的產業、對的公司，即使資訊稍有落後，也能夠順利搭上產業趨勢的順風車。

謹記「寧賣錯，不留錯」，先求安全再求獲利

另外 2 位不得不提的貴人，就是陞哥還有周姊。周姊善於感受整體的盤勢、盤感，對風險的敏銳度極高，對於行情反轉的掌握，以及風險控制能力極強；她教導我的股市投資理念是「寧賣錯，不留錯」，留錯股票不僅容易慘賠，

更會釀成極大損失，而賣錯股票頂多也就是再接再厲重找股票，重新布局罷了。

　　少賺不會重傷，大賠會要人命！進場前先想風險，再想獲利，不可不慎！

　　陞哥也是研究員出身，很早便達到財富自由，是極為認真的自由操盤人。10年前，我們在同業聚會中偶然認識，讓我印象最深刻的，是他的好脾氣跟好人緣；他宛如現代孟嘗君，飯局當中從沒讓晚輩出過錢，廣結善緣，結交許多各行各業的好友。

　　初期認識陞哥時，他想找一群志同道合的研究員，組一個夢幻團隊；還自掏腰包花錢，請退休的投信公司策略長，來幫我們幾個小毛頭上產業分析課程，並且與優秀同業交流訊息、建立產業人脈。陞哥無私地分享與照顧，是我投資旅途的良師益友，他還帶我參加了經理人跟研究員定期交流的投資讀書會，讓我與更多的高手切磋。一群認真研究投資與一群認真拜訪公司的同好，互相激盪，不論是資訊解讀或趨勢的分析，都讓我得以達到更高的水準。

陞哥的至理名言,我至今仍記憶猶新。他曾說:「研究團隊裡,每個人每年認認真真地、扎扎實實地,好好研究2檔～5檔股票,1年就有10檔以上的績優股可以操作與布局,怎麼會不成功?」

陞哥堅持每天閱讀20份～50份報告,並且在投機氣氛與當沖當道的市場,堅持自己的王道——「低檔布局優質的高成長股,先求安全、再求獲利。」他不追逐題材股、不追逐沒獲利且掌握度低的個股,一路走來,始終如一;時至今日,他的投資哲學仍時時刻刻影響著我。

低檔布局優質的高成長股——以DRAM產業為例

2013年,我研究產業愈深,愈有自己的想法。那一年,我離開證券公司基金經理人的職位,進入朋友的私募基金團隊。同一年,源哥不斷提醒我DRAM(動態隨機存取記憶體)產業由谷底回升。回顧台灣DRAM產業的歷史,2007年時,台廠不敵韓國廠商的競爭,面臨產業嚴重供過於求,2008年又發生金融風暴,力晶(已下櫃)、茂德(已下櫃)等DRAM台廠都出現大幅虧損。

2008 年金融海嘯之後的短短 2 年間，德國記憶體大廠奇夢達（Qimonda）破產清算；日本大廠爾必達（Elpida）破產，被美國半導體大廠美光（Micron，美股代號：MU）收購合併，美光買下在台灣的瑞晶（已下櫃，原由力晶與爾必達合資成立）。而後台廠茂德破產，2012 年下櫃，同年力晶也黯然下櫃。

當時在台廠當中，存活下來的僅有台塑集團的南亞科（2408）及華亞科（已下市）。其中，2008 年底美光取得奇夢達擁有的華亞科全數股權，華亞科則主要為美光提供晶圓代工服務（而後華亞科於 2016 年被美光購併）。

源哥告訴我，DRAM 產業經過倒閉整併的大洗牌之後，擁有原廠晶粒技術的除了美光，僅剩韓廠韓國三星（Samsung，韓股代號：009150）、SK 海力士（SK Hynix，韓股代號：000660），形成寡占局面。2013 年，已可從產品報價窺見產業反轉的曙光。當時可注意到，力晶下櫃後，轉型做半導體晶圓代工，因此可預期營收、獲利會有大幅改善。於是我開始不眠不休的研究力晶這檔已經下櫃、市場上人人避之唯恐不及的股票。

　　我發現，力晶積極轉型與切入晶圓代工，同時也兼顧了部分產能，幫忙記憶體模組廠商金士頓（Kingston）代工。例如蘋果（Apple，美股代號：AAPL）iPhone 手機裡面的面板驅動 IC（Integrated Circuit，亦即晶片），是由力晶代工；它們也接了很多包括三星、索尼（Sony，日股代號：6758）、宏達電（HTC，2498）、小米與華為等手機相關大廠的訂單。

　　雖然不能和台積電（2330）這類一線晶圓代工廠相比，但是力晶轉型為二線晶圓代工廠這個策略，讓力晶起死回生。同為二線晶圓代工廠，那一年世界（5347）有 2 座 8 吋晶圓廠，市值 750 億元（以股本 163 億元、股價 47 元計算）；力晶有 2 座 12 吋晶圓廠，若以 221 億元股本計算，合理股價應該也有 20 元。

　　源哥持續從未上市櫃市場上收購力晶，那時力晶股價僅有 0.3 元；我也開始布局力晶，從 0.7 元、1 元、2 元、3.7 元、7 元、到 11 元不等，只要有多餘的獎金或薪水，我就持續建立部位。到了 2014 年時，我手上已經有數百張力晶的未上市股票，持有的力晶未上市櫃報價也由不到

圖2 **力晶連續虧損6年，2013年開始轉盈**
力晶營業收入與淨利（淨損）變化

資料來源：公開資訊觀測站

1元漲到25元，市值增加了1,000多萬元。力晶代工的半導體晶片，包括了記憶體代工、LCD驅動IC、電源管理晶片與影像感測器IC。隨著物聯網（Internet of Things，IoT）、4G LTE行動裝置等商機起飛，力晶脫離連6年虧損，順利在2013年轉盈（詳見圖2）。

力晶2013年～2015年連續3年都賺了100億元；

2016 年營收 411 億元，淨利 103 億元，EPS 4.64 元，淨值已回到 10.1 元，2017 年更大方配息 1.2 元。力晶自 2013 年營運轉虧為盈以來，到 2017 年連續 5 年獲利，統計力晶 2013 年～2017 年這 5 年來，共獲利 485 億元，平均 1 年賺 97 億元。2016 年～2018 年連續 3 年配發股利，直到 2019 年遭遇記憶體景氣逆風才又傳虧損。

現在的力晶，不僅還清所有銀行借款，更規畫重新上市。我仍持續持有數百張部位，並關注著這家浴火重生的半導體公司。而 2017 年～ 2018 年陸續出脫的力晶，報酬率都高達數倍以上。

2014 年，我所有的研究重心全放在半導體與 DRAM 產業上面。當時我注意到，華亞科於 2013 年時從全額交割股價 1.9 元，大漲到 21 元，淨值從 8 元回升到 10.02 元，脫離全額交割股。

我估算 DRAM 報價持續上漲，預估 EPS 有機會再提升到 6 元以上，當時華亞科的股價 20 幾元，本益比（Price/Earnings Ratio，PER）還不到 4 倍。由於處在景氣循環股

的初升段,股價淨值比可望持續提升,因此 2014 年時,我盡可能地做多華亞科,融資買滿、權證買滿,因為我深信我持續深耕研究的產業趨勢。

我除了追蹤報價,深入分析市場供需,也沒有忽略籌碼面的法人買賣超;果然,買進華亞科後,股價迅速脫離成本,讓我堅定持有信心。當時我確實執行「看對、壓大、抱長」的原則。就在 2014 年 6 月,華亞科漲到 50 元,順利獲利 1 倍。這時候,我個人已經累積到大約 2,500 萬元資產。

產業趨勢巨輪一旦滾動,相關個股終將受惠

2016 年我加入了陞哥的投資團隊,當年上半年,學習到操作 CBAS(Convertible Bond Asset SWAP,可轉債資產交換交易),這是 1 種連結可轉債的選擇權,買法是支付權利金,獲得可轉債的買權。當股價上漲,可賣出買權以賺取價差;若股價下跌,則損失權利金。

這種商品可讓我用更高的槓桿,以及更低的成本參與股市,只是前提是要選對產業與個股,看對方向。當時我買

進同欣電（6271）的 CBAS，賺了 10 倍，200 萬元獲利入袋；也參與到虹堡（5258）的波段上漲，獲利 150 萬元。但當然也不是每買必賺，投資創業家（8477）、訊芯-KY（6451）各虧了 50 萬元與 100 萬元。

到了 2017 年，台股啟動多頭走勢，我鎖定的主流產業包括快閃記憶體（NOR Flash）、AI、矽晶圓、金屬氧化物半導體場效電晶體（簡稱金氧半場效電晶體，Metal-Oxide-Semiconductor Field-Effect Transistor，MOSFET）、3D 感測等。

操作的個股有 AI 產業的創意（3443）、世芯-KY（3661），以及矽晶圓中的合晶（6182）、MOSFET 產業中的捷敏-KY（6525）、大中（6435）、尼克森（3317）等。自此，產業深耕、產業出發，加上供應鏈分析及拜訪公司，掌握領先的訊息，已經是我投資的靈魂與主軸。

跟隨趨勢走，憂慮不須有，對的產業、對的股票、對的故事、對的成長性與獲利，自然會有投資人共襄盛舉。這一年，靠著產業深耕與研究，獲利進帳 700 萬元，個人

資產正式突破 3,000 萬元。能在 37 歲之前累積到超過
3,000 萬元的資產，除了運氣好、感謝上帝之外，我對於
股票的熱忱與執著，還有研究員與基金操盤人的經歷、人
脈、知識，以及人生當中所遇到的恩師與投資先進。

一直以來我深耕產業分析的投資主軸，大量研讀產業報
告，拜訪公司，從整個產業鏈確認明確趨勢，找好買賣點，
「看對、壓大、抱長」，讓我得以賺到個股上漲的大波段。
儘管不是所有持股都同時大漲，卻也能透過適當的資產配
置，減少個別股票的損失，因此能夠賺大賠小，讓資產成
功累積上來。

很多人都知道投資要順勢而為，這個「勢」就是「趨勢」。
身為產業分析投資人，我相信找到產業趨勢，就能往正確
方向前進。因為，產業趨勢巨輪一旦滾動，相關個股終將
受惠。

1-4 深耕產業面研究理想標的 獲「產業隊長」稱號

　　股神華倫・巴菲特（Warren Buffett）曾說：「在錯誤的路上，奔跑也沒有用。」一開始若選錯產業，那麼即使花再多功夫研究，到頭來還是窮忙一場；深入了解產業趨勢，便成為最重要的研究起點，也因為選定標的產業後看得夠深，能比大多數人更早找到還沒被挖掘出來的珍珠，我也很榮幸獲得了「產業隊長」這個封號。

　　我的產業分析能力，自然是奠基於當年在證券公司擔任研究員時期。其實，一開始，我也只是土法煉鋼，每天下午出門拜訪公司、參加法說會，或是透過約訪到個別公司去了解狀況，聽經營高層或財務高層闡述公司的現況、財報、未來的展望等；隔天一早，又要起來看盤、報告。基本上，研究員 1 天工作 16 小時屬於正常現象。

　　例如，中午到南投南崗工業園區拜訪公司，結束後搭高

鐵回台北，回家吃飯洗澡後大概花 3 個～ 4 個小時整理資料，然後預估損益表數據，寫出完整的投資報告。

隔天早上 6 點，起床看美股盤勢；7 點半之前抵達公司，整理總體經濟的資訊，並且印出前 1 天寫好的投資報告，在盤前晨會向公司高層與基金經理人報告內容與摘要。

晨會結束後，看台股開盤，了解所負責產業相關公司的股價走勢，特別要關注我們公司持有的相關標的。不只要看股價表現，也得打電話詢問財務長下個月的營收預期，然後準備下午準備拜訪另外 1 家公司的資料，度過充實而忙碌的 1 天。

從大量拜訪到閉關沉澱，奠定產業研究功力

然而，全台灣幾十家，甚至百家內外資券商、自營商、投顧，每家公司都有研究員，都做一樣的事情，怎麼突出？某日，當時身為亞東證券總經理的砲哥（林錠砲先生的外號）突然下令：「最近公司績效不好，挑的股票老是追高殺低，一定是哪裡出了問題。今天開始，每天出門拜訪公

司，每天勤跑法說會，比照彼得・林區（Peter Lynch）選股法，大量地透過基層拜訪、大量地透過公司篩選，找到奇兵！」

但過了 2 週～ 3 週，他發現大家都在窮忙，例如菜鳥研究員拜訪公司的時候，因人脈建立不夠，而沒有問到對的問題或問到對的人。於是，總經理又下了命令：「接下來幾週全員留守，全部的研究員不准出門，不管是拜訪公司、訪廠看廠、法說會都一律不准去。」

他認為，貪多嚼不爛，好好研究 1 個產業、1 檔股票，勝過東跑西聽。所以，接下來我就把時間用在思考所負責產業的供應鏈，目前哪一塊有利？哪一些供貨吃緊或毛利較高？並且從供應鏈當中選股。所以當時我有一段時間是待在辦公室，潛心研究產業鏈與相關公司，等想出結論之後再約訪。

多角度尋找有成長性的產業趨勢，並留意次產業

身為年輕菜鳥研究員，不論是勤跑法說會，或是閉關想

產業，一開始都還是沒有得到特別好的投資績效。不過，我深信功力需要累積，因此我決定滴水穿石，慢慢積累；只要馬步蹲穩、功夫做深，奇蹟一定會發生。在持續精進產業知識、持續拜訪公司過程中，慢慢體悟到「產業優先」的重要性。

前文提到，我工作 3 年後便進入操盤室，而後認識了師父源哥，他讓我更專精於「選股前先選產業」的投資主軸。

當我鎖定 1 個產業，也會關注它的「次產業」。例如，智慧型手機產業本身在近年並沒有繼續成長，但是智慧型手機出現了多鏡頭的趨勢，因此就能掌握住鏡頭產業的成長趨勢。

另外，也可從不同角度發現成長中的產業趨勢：

1. **新技術、新產品的產生**：例如近年受歡迎的智慧音箱、TWS（True Wireless Stereo）真無線藍牙耳機等。

2. **行為模式的改變**：例如愈來愈多人愛美、健身，就能

從相關題材尋找有成長性的公司。

3. 法規與國際局勢的改變：例如風力發電，保健食品、免疫療法法規（此處指《特管法》，全名為《特定醫療技術檢查檢驗醫療儀器施行或使用管理辦法修正案》）及美中貿易戰轉單等。

陸續找到對的產業趨勢，再搭配認真研究公司產業鏈位置與基本面，輔以基本的技術分析與籌碼分析，讓我的投資視野豁然開朗；這都是因為站在產業趨勢這個巨人的肩膀上，得以事半功倍。

先選產業再選股，具有3項優點

從產業出發選股有 3 項優點：1. 買貴不會買錯，即使套牢也有機會解套；2. 續航力強，漲幅大；3. 不用認識主力，自己研究即可。因此對短中期投資來說，風險相對小，也適合沒有人脈的投資人。這 3 項優點的細節分述如下：

優點1》買貴不會買錯，即使套牢也有機會解套

圖1 蘋果股價自2007年以來屢創新高

蘋果（美股代號：AAPL）月線圖

資料來源：XQ全球贏家

　　股票有長線主流趨勢保護，買貴也不一定會買錯，例如蘋果（Apple，美股代號：AAPL）股價自2007年至今，即使有多次震盪、拉回，卻每每再創新高（詳見圖1）。

　　如今電動車代表企業──特斯拉（Tesla，美股代號：TSLA），即使股價從2019年300多美元一度跌至177美元，跌到年線之下，但2019年末，股價卻能屢創新高，

至 2020 年 2 月底已突破新高大漲 2 倍以上（詳見圖 2）。

優點2》續航力強，漲幅大

續航力強是因為趨勢一旦成型，就不會輕易改變，只有對的產業趨勢才有可能發掘出高成長、高本益比（Price/Earnings Ratio，PER）的企業。例如蘋果創辦人史蒂夫‧賈伯斯（Steve Jobs）2007 年發表智慧型手機 iPhone，採用多點觸控與封閉式 iOS 系統的手機 App 後，隨即影響全世界，引領智慧型手機的主流趨勢，觀察蘋果 2007 年～ 2020 年的股價走勢，便可見到產業趨勢的推升力量。

再以手機鏡頭產業為例。自從韓國電子大廠 LG，2011 年開始在手機使用雙鏡頭，便開啟手機多鏡頭這個次產業的多頭趨勢（詳見表 1），股王大立光（3008）便從 800 元～ 900 元，直接突破過往 1,000 元股王的魔咒，而且還突破 2,000 元、3,000 元，最高在 2017 年創下 6,075 元的歷史新高（詳見圖 3），也寫下台股有史以來最高股價紀錄。

優點3》不用認識主力，自己研究即可

圖2 特斯拉股價自2019年末以來一路走揚

特斯拉（美股代號：TSLA）日線圖

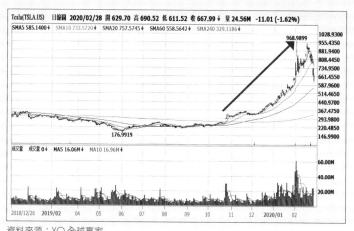

資料來源：XQ全球贏家

　　散戶投資人向來喜歡聽明牌、想知道主力想拉抬什麼股票，想跟風賺錢；殊不知，許多主力、公司派、投顧老師的投資標的也不是靠自己研究得來的，這些消息都不是白吃的午餐。主力向來都是做生意，不是做公益，因此即使放出消息讓散戶能跟到末升段，但該跑的時候怎麼會通知散戶？切記，道聽塗說的訊息不僅不會賺錢，反而會賠大錢。身為散戶，自己研究產業，自然不用靠主力。

表1 2011年LG發表首款雙鏡頭手機
2011年～2017年雙鏡頭手機品牌重要紀事

發表年度	手機品牌	重要紀事
2011	LG、HTC	LG發表首款雙鏡頭手機，3D錄影及裸視3D觀看
2012	LG	
2014	HTC、華為（Huawei）	雙鏡頭景深拍攝
2015	HTC、LG	景深拍攝效果、LG發表首款前雙鏡頭及自拍廣角鏡頭切換
2016	LG、華為、聯想（Lenovo）、蘋果（Apple）、小米、vivo、金立（Gionee）	LG發表廣角雙鏡頭、華為發表首款徠卡雙鏡頭、黑白鏡頭＋彩色鏡頭，蘋果也首次採用2倍變焦雙鏡頭
2017	華為、華碩（ASUS）、小米、阿爾卡特（Alcatel）、努比亞（Nubia）、OPPO、金立	

從產業找標的事半功倍——以影像感測器產業為例

　　挑對產業就能事半功倍，因此要懂得以全球視野來看產業，包括產業趨勢、最大廠的市值、擴廠動態，以及股價反應狀況，最後就從中發掘台股當中受惠的公司，提前布局。以下以多鏡頭趨勢帶動 CIS（CMOS Image Sensor，

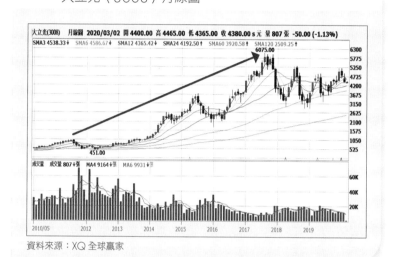

圖3 2011年雙鏡頭崛起，大立光股價創新高
大立光（3008）月線圖

資料來源：XQ全球贏家

CMOS（互補式金屬氧化物半導體）影像感測器）產業供應鏈為例，看看如何從產業優先尋找標的。

從國際研究機構及台廠法說會，了解產業成長性

CIS是將光訊號轉換成類比訊號至影像處理器的裝置，是數位相機、網路監控攝影機等影像設備上的關鍵零組件之一。每顆鏡頭都需要1個CIS，當手機3鏡頭、4鏡頭

滲透率提升，CIS 需求也會提高。

　　調研機構 IDC（International Data Corporation，國際數據資訊有限公司）預估，即使 2020 年全球智慧型手機出貨不會見到成長，但 5G（第 5 代行動通訊技術）環境仍會讓消費者對影像品質有更高的要求；再加上鏡頭的大量應用，光學元件仍有很大的成長空間。

　　再根據市調機構 IC Insights 的資料，2019 年 CIS 的全球市場規模約達 155 億美元，已連續 8 年成長，預估成長趨勢將會持續，2023 年可望達到 215 億美元，預估 2018 年～ 2023 年的年複合成長率（Compound Annual Growth Rate，CAGR）約 8% ～ 9%（詳見圖 4）；而市調機構 Yole 也預估，到 2024 年，平均每支智慧型手機 CIS 數量，將會達到 3.4 個。

　　台股當中，CIS 封測廠精材（3374）董事長在 2020 年第 1 季法說會上則提到，2020 年整體手機用的 CIS，出貨可達 66 億顆，年成長率 9%。由此可以知道，這個產業在 2023 年之前，前景備受看好。

圖4 **CIS市場規模2023年可望達215億美元**
CIS市場規模變化

2018 年～2023 年 CIS 市場規模年
複合成長率可望達 8.7%

單位：億美元

註：資料於 2019 年第 3 季發布，2019 年～2023 年為預估值
資料來源：IC Insights

世界級大廠Sony為CIS擴廠，是產業起飛的重要訊號

　　由於手機鏡頭變焦能力要求與拍照需求大增，而拍照的成像品質與 CMOS 大小成正比，因此鏡頭畫素提升刺激 CMOS 運算升級，更造成 CIS 大缺貨。可留意到索尼（Sony，日股代號：6758）在 2019 年 10 月宣布要砸 9 億美元擴廠，目標是讓產能翻倍、市占率超過 50%，而

且這是 12 年來首次自建新廠，是產業起飛前的重要訊號！

CIS相關大廠獲利大增，股價隨之走升

儘管 Sony 的遊戲主機 PS4、智慧型手機等多個事業群業績衰退，導致 2019 年 7 月～ 9 月營收下滑，但卻因為影像暨感測解決方案事業中的 CIS 銷售大好，該事業群營收不只較 2018 年同期成長 22% 至 3,107 億日圓，其中的影像感測器銷售額，還大增 34% 至 2,748 億日圓，營業利益更是暴增 59% 至 764 億日圓；整體合併營業利益因而不減反成長 16% 至 2,790 億日圓，合併純益亦成長 9% 至 1,879 億日圓。

在擴廠及業績同步佐證產業趨勢及基本面下，推升 Sony 股價突破 2018 年高點，創下 2001 年中旬以來的 19 年新高（詳見圖 5）。就連全球市占率 19% 排名第 2 的韓廠三星（Samsung，韓股代號：009150），以及排行老 3、市占率 9.5% 的中國廠商上海韋爾半導體公司（韋爾股份，陸股代號：603501，於 2019 年購併 CIS 製造商北京豪威）也雨露均霑，股價自 2019 年第 3 季走升，到了 2020 年初，不僅創下 1 年半以來高點，也寫下股價歷史

圖5 Sony股價創19年來新高
Sony（日股代號：6758）日線圖

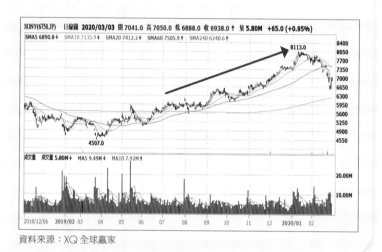

資料來源：XQ全球贏家

新高（詳見圖6、圖7）。

觀察台股CIS相關族群，伺機布局

有了以上產業面的確認，就可以觀察國內能受益於CIS產業成長、股價卻尚未明顯發動的個股。在2019年第3季，包括原相（3227）、同欣電（6271）、精材等，都還沒被市場所注意；但是2019年第4季，紛紛大漲一波。

圖6　三星股價自2019年9月起連續上漲
三星（韓股代號：009150）日線圖

資料來源：XQ 全球贏家

　　若了解產業趨勢的脈絡，就可以提前在第 3 季布局，等待資金進場拉抬股價，到 2019 年底約可獲得 30% ～ 60% 不等的報酬率。即使是在 10 月底布局，到 12 月底至少也有獲得 20% 左右的報酬。

　　運用這樣的思路邏輯，反覆執行，就能夠站在產業這個巨人的肩膀上，看到清楚的投資風景。一直以來，我除了

圖7 韋爾股份股價自2019年Q3起走升
韋爾股份（陸股代號：603501）日線圖

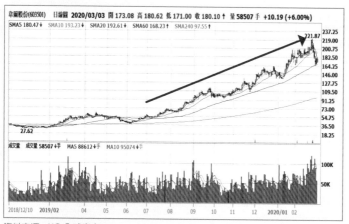

資料來源：XQ全球贏家

執行上述的作業流程，也沒有忽略勤跑公司、問對問題，以及思考沉澱，如今成為屢屢在產業中挖到珍珠的「產業隊長」。

選對方向——
確認產業成長力道

2-1 抓到對的產業脈絡 即可搭上飆股順風車

小米創始人雷軍説:「創業,就是要做一頭站在風口上的豬,風口站對了,豬也可以飛起來,站在風口上,豬都會飛。」

投資也是一樣,找到趨勢正在成長的產業,就容易找到飆股。如果現在(2020年)想要找到 1 年業績成長 1 倍的公司,在 AI(Artificial Intelligence,人工智慧)產業找,一定比在傳統零售業更容易找到。

抓到對的趨勢,是投資獲利最重要的事。「Do the right thing」(做對事情)比「Do the thing right」(把事情做好)更加重要。先找到對的產業,就是「Do the right thing」。產業趨勢對加上好的進場點,基本上投資就能掌握 5 成的勝率;因為產業趨勢的力量就像時代的巨輪一樣,時代的巨輪終將滾動向前,有時候甚至會凌駕於籌碼與技術分析。

iPhone X使用VCSEL，台廠全新股價大漲

舉例來說，2017 年蘋果（Apple，美股代號：AAPL）智慧型手機 iPhone X，首度使用了 3D 感測的人臉辨識，市場上認為蘋果導入此應用後，產業趨勢將成型。

3D 感測模組最關鍵的零組件在於 VCSEL（Vertical Cavity Surface Emitting Laser，垂直共振腔面射型雷射器），這是一種雷射二極體，是可發出紅外線雷射光的發光源，以辨識物體的立體結構。

而 3D 感測功能是 VCSEL 首次搭配在大量的消費性手機應用，光是生產 VCSEL 的主要廠商 Lumentum（美股代號：LITE）2017 年開始出貨給蘋果之後，2 個月內 VCSEL 的出貨量，已經比過去 55 年電信用雷射的總出貨量還多！

發光源不容許有故障率，這不僅考驗雷射廠商的設計能力，同時考驗代工廠的生產品質及良率。隨著 iPhone 未來的機種若能持續導入應用，出貨量可望逐漸走高，蘋果對該晶片的需求也開始加大。蘋果公司在 2017 年時便透露，

和 2016 年相比，2017 年第 4 季對 VCSEL 晶片的採購增加了 10 倍。

例如全新（2455）為 VCSEL 上游材料磊晶廠，2017 年時儘管基本面尚未完全跟上，每股盈餘（EPS）僅約 2 元多，但是產業趨勢成型後，股價從 2017 年 6 月 50 多元漲到 2018 年 3 月最高價 140 元（詳見圖 1）。

全新大漲的過程中，地緣券商（公司附近的券商）的籌碼曾經大量地賣出（2018 年 8 月～ 10 月），市場也紛紛傳言公司派大賣股票。

然而股價整理一段時間過後，還是再漲了將近 1 倍，而股價上漲的原因，來自國際相關龍頭廠商本益比（Price/ Earnings Ratio，PER）的拉高，公司產業地位的寡占，以及新技術應用帶來的產業驅動力量。因為可預期未來的高成長，相關族群的本益比直接被拉高到 30 倍以上！

這就是產業趨勢的力量。當產業趨勢對了，基本面的訂單就出現，獲利當然相對提升，而資金湧進的力量也將使

圖1 全新受惠於VCSEL題材，股價上漲逾1倍

全新（2455）週線圖

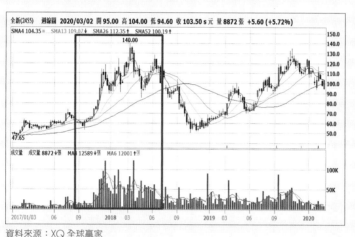

資料來源：XQ 全球贏家

線型與籌碼往好的方向發展。

台股正處於法人時代，產業趨勢為法人操作依據

在 2000 年之前，台股可說是散戶投資人的天下，以集中市場而言，自然人交易比重占台股將近 90%，國內法人交易比重經常不到 10%，外國法人（以下簡稱外資）交易

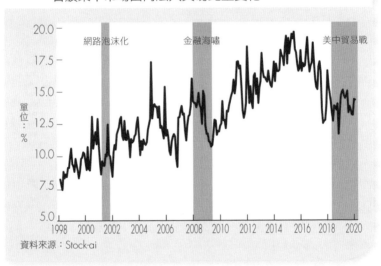

圖2　2000年後國內法人交易比重逐漸提升

台股集中市場國內法人交易比重變化

資料來源：Stock-ai

比重甚至不到 3%。

2000 年之後，國內法人交易比重逐漸提升（詳見圖2）；隨著 2003 年起政府放寬外資投資門檻後，外資交易比重也明顯上升（詳見圖3）。

觀察 2007 年到 2020 年 2 月的資料，國內法人交易比

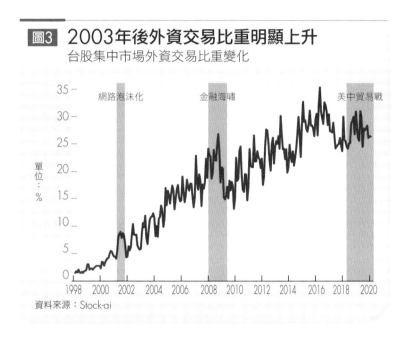

圖3 **2003年後外資交易比重明顯上升**

台股集中市場外資交易比重變化

資料來源：Stock-ai

重多在 13% ～ 20% 之間，外資則多在 20% ～ 30% 之間；也就是說，這段期間，法人最高約可占據 50% 的交易量。

很明顯地，當前的台股正處於法人時代（2020 年 2 月國內外法人交易比重合計為 40.67%），知道法人的想法、操作邏輯、操作依據以及操作策略，對於股市操作當然有相當的助益。

　　而不論外資或是國內法人，選股與買賣進出的依據從來都不會是技術指標低檔黃金交叉；法人報告也從來不會是因為 K 線圖型態漂亮，而出具買進報告。法人重視的是產業的轉變、供需的平衡、原料或產品的報價走勢、新技術的進展、新產品的研發、新市場的拓展等，他們關注會影響公司未來基本面的因素，並且自有一套合理的獲利模型預估與評價。

　　簡而言之，法人在意的，其實就是產業趨勢的改變。例如，雙鏡頭導入手機，就屬於 1 種產業趨勢的改變，原本手機使用的拍照鏡頭顆數，由 1 顆鏡頭成長到 2 顆，這種量的倍增，就會帶動新的成長動能、新的獲利與改變；而身為台股股王的鏡頭模組大廠大立光（3008），就是順應著此波「產業趨勢」而生，更衍生出相關光學族群的大漲榮景。

　　因此「產業趨勢」這 4 個字，絕對就是許多股價驅動的源頭之一。當源頭管理做對了，於股市中自然可以如魚得水、事半功倍。這裡所說的「源頭管理」便呼應到最開始所說的，處在法人主導的市場中，挑對產業（Do the right

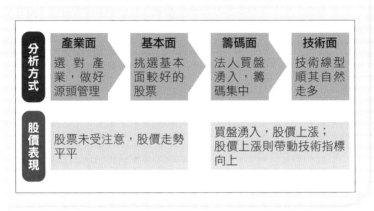

圖4 先選對產業，再挑選基本面較好的股票
產業面、基本面、籌碼面、技術面關係圖

thing），比找出好的公司（Do the thing right）重要很多（詳見圖4）。

以極端的例子來說，2019年如果花時間在半導體矽晶圓產業，或者是AI相關產業當中選股，儘管選到的不是最好或漲最多的股票，股價漲幅也幾乎都以倍數計算。然而如果是在太陽能產業或航運產業中研究，就算選出體質最好、獲利最棒的股票，也有可能漲幅遠不如其他產業的股票，甚至是漲幅還劣於大盤。

源頭管理佳，股價自然走強——以穩懋為例

在股票市場上，如果能把源頭管理做得好，不僅可以省掉很多麻煩，而且可以順利參與產業趨勢成長帶動的股價上漲。許多真正強勢的股票，股價會呈現階梯式的上漲；也就是漲一段上來後，會經過強勢平台整理，取代大幅拉回，甚至連月線或 10 日線都不會破，並在橫盤整理後，出現另一段噴出行情。

這種股票很多都是處於對的產業趨勢中，包括產品漲價、獲利提升等，資金自然湧入，技術線型也會自然呈現多頭排列。因此源頭管理做得好，所選出及買進的股票，除非遇到系統性風險，否則不容易有停損或抱不住的問題。

2017 年打入蘋果供應鏈的穩懋（3105），就是源頭管理的經典案例。2017 年～ 2018 年蘋果智慧型手機剛導入 3D 感測於 iPhone X 中，由於終端市場的大量使用，以及對未來手機持續跟進的預期，造成產業趨勢的改變。

穩懋作為 VCSEL 大廠 Lumentum 的砷化鎵晶圓代工廠，

當然也就處於對的產業趨勢上，當產業趨勢對了，營收也跟著手機出貨步入連續創新高的正循環，獲利自然就有機會跟上。接著法人資金跟著湧入、籌碼變得集中，甚至還有國外半導體大廠 AVAGO（美股代號：AVGO）認購其私募。

接著，不用多說，從穩懋技術線型走勢來看，均線糾結翻多呈多頭排列，2017 年 1 月初的股價僅 90.9 元，2017 年底已一路上漲到 323 元，漲幅達 255%，本益比亦同步跟著提升（詳見圖 5、圖 6）！即便是 2018 年一度回到原點，2019 年又因為 5G（第 5 代行動通訊技術）需求，股價再度回到先前的高點。

產業趨勢抓得對，有時候股票只會買貴，不會買錯！投資獲利分 2 種，1 種是看好 1 家公司的獲利能夠增加，分配利潤提升，也就是股票股利或現金股利的回報率增加；另 1 種則來自股票價差（資本利得），這與供需改變有關，多半是預期公司未來可能有新技術、新題材、新市場或新成長動能，進而能提高獲利或吸引市場買盤進駐，讓股價上升。而當獲利提高，股利的回報也多半會跟著增加。

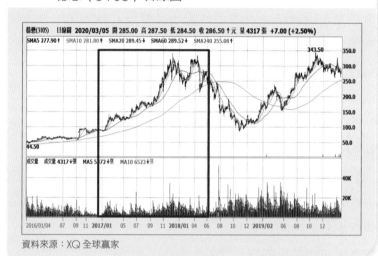

圖5 穩懋打入3D感測供應鏈後股價大漲255%
穩懋（3105）日線圖

資料來源：XQ 全球贏家

　　若只固守股利收入及股利殖利率，卻不管產業趨勢成長
與否，股價上漲、下跌、持平都是有可能的；但若找對產
業趨勢，不只能賺得股價價差，甚至可連同股利一起雙賺。

　　同樣以穩懋為例，其 2014 年、2015 年現金股利僅配
發 0.2 元及 0.51 元；但切入 3D 感測供應鏈後，受到業
績大幅成長貢獻，2016 年～ 2018 年度業績所配發的現

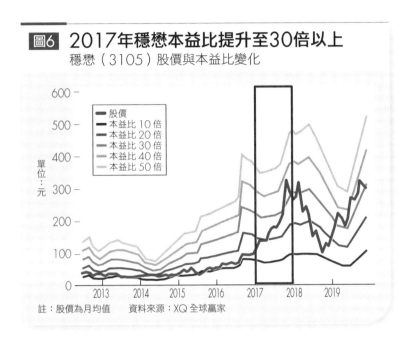

圖6 2017年穩懋本益比提升至30倍以上

穩懋（3105）股價與本益比變化

單位：元

股價
本益比 10 倍
本益比 20 倍
本益比 30 倍
本益比 40 倍
本益比 50 倍

600
500
400
300
200
100
0

2013　2014　2015　2016　2017　2018　2019

註：股價為月均值　　資料來源：XQ全球贏家

金股利分別提高至4.5元、7元、5元（詳見圖7）。

用1萬個小時閱讀思考，鍛鍊產業趨勢敏銳度

　　但要怎麼找到對的趨勢？大量閱讀、思考是必經的過程，若想要在投資這條路勝出，「大量」是成功的關鍵。而要如何定義「大量」？

作家馬爾科姆‧格拉德威爾（Malcolm Gladwell）在《異類》一書中指出：「人們眼中的天才之所以卓越非凡，並非天資超人一等，而是付出了持續不斷的努力。1萬個小時的錘鍊是任何人從平凡變成超凡的必要條件。」

格拉德威爾認為，要成為某個領域的專家，需要1萬個小時，按比例計算就是：如果每天工作8個小時，1週工作5天，那麼成為某個領域的專家至少需要5年；或者是每天花3個小時在某領域研究，1週7天，則約略需要10年。

1萬個小時的法則，在許多領域都適用，也在許多成功者身上驗證，例如人稱音樂神童的莫札特（Wolfgang Amadeus Mozart），在6歲生日之前，他的音樂家父親已經指導他練習了3,500個小時，到他21歲寫出最膾炙人口的第九號協奏曲時，可想而知他已經練習了多少小時。

全球首富常客、微軟（Microsoft，美股代號：MSFT）創辦人比爾‧蓋茲（Bill Gates）13歲時，有機會接觸到世界上最早的一批電腦終端機，開始學習電腦程式，7年後

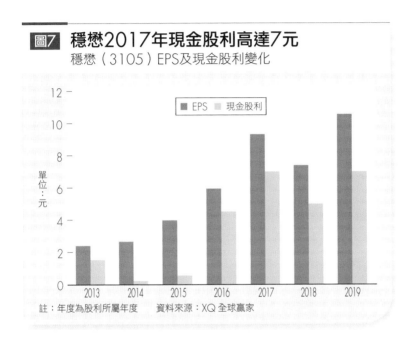

圖7 穩懋2017年現金股利高達7元

穩懋（3105）EPS及現金股利變化

註：年度為股利所屬年度　　資料來源：XQ 全球贏家

他創建微軟公司時，已經連續練習了7年的程式設計，超過1萬個小時。這些其實和「十年磨一劍」、「台上一分鐘，台下十年功」有著異曲同工之妙。

　　所以，大量的閱讀與思考，對於尋找對的產業趨勢，是必要的過程。我除了每天看《經濟日報》、《工商時報》、《電子時報》與各證券公司的晨報、每期看《商業周刊》、

《今周刊》、《先探》、《Smart 智富》月刊、《財訊》雙週刊等雜誌來下功夫,另外還規定自己 1 年至少要讀 12 本好書,主題包括哲學、企管、財務、詩詞小說等,盡可能大量閱讀。只要肯 1 天花一點時間廣泛閱讀,就算還不能成為產業趨勢高手,至少對產業的敏銳度也不同於一般散戶。

每個人都必須面對投資,正視投資,跟買房、買保險一樣,沒有人躲得過。我鼓勵大家讓自己對投資有熱情,我也因為這股熱情,數十年如一日,讀報、看雜誌、研讀產業報告、拜訪公司、自己寫研究報告、盤勢分析、交易心法與產業報告、並系統化地分類產業、製作上課講義、做交易紀錄和筆記等。投資可以說是 1 種累積的過程,你花的時間在哪裡,成就就會在哪裡。

2-2 用5要訣掌握潛力題材 看出產業趨勢向上訊號

　　很多人問我，要怎麼挖掘有潛力的產業趨勢？根據我多年的研究經驗，必須先找到有可能的趨勢，再確認趨勢的成長力道，建議可掌握以下 5 要訣：

要訣1》留意企業CEO與大老闆的看法

　　大企業老闆之所以為老闆，正是因為他們站在相對高的制高點，看得比我們更遠，站得比我們更高。尤其是掌管市值數千億美元的高科技公司董事長，對於未來產業趨勢的脈動、重要專利的掌握與研發，甚至是未來新科技的走向，都有舉足輕重的影響力，以及可供我們學習的觀點與看法。

　　因此，世界級知名企業的領導者的一些看法、公司布局與方向及相關的演講或書籍，都可以參考。舉例如全球晶

圓代工龍頭台積電（2330）創辦人張忠謀、中國電子商務龍頭阿里巴巴（美股代號：BABA、港股代號：9988）創辦人馬雲、科技巨頭微軟（Microsoft，美股代號：MSFT）創辦人比爾‧蓋茲（Bill Gates）、以長期投資聞名、執掌波克夏海瑟威（Berkshire Hathaway，美股代號：BRK.A、BRK.B）的股神華倫‧巴菲特（Warren Buffett）、蘋果（Apple，美股代號：AAPL）執行長提姆‧庫克（Tim Cook）等，這些世界級企業的 CEO 曾經講的話都很重要。

張忠謀》準確預估高速運算為台積電主要成長動能

例如張忠謀 2017 年的法說會上就曾提到，台積電一直以行動裝置、高速運算（High Performance Computing，HPC）、物聯網（Internet of Things，IoT）與車用電子等 4 大平台為成長驅動力，行動裝置向來是第 1 個被提到的項目。但是在 2018 年初法說會上，張忠謀卻預估，該年度行動裝置晶圓出貨將下滑，但營收仍可與 2017 年持平。

這也就表示，高速運算、物聯網及車用電子等 3 大平台，將是接下來帶動業績成長的主力。其中，高速運算受惠持續擴充的 AI（Artificial Intelligence，人工智慧）應用，加

上虛擬貨幣挖礦市場快速升溫，就在當時成長率一躍成為
4 大平台之冠。

　　台積電當時估計，2017 年高速運算業績比重約 20%，
預期 2018 年高速運算業績比重可望達 25%，是 4 大平台
中的領頭羊。從這段法說會重點也不難看出，光是張忠謀
所提到的高速運算、物聯網及車用電子，這 3 個產業趨勢
就足夠投資人持續深入研究好幾年！

比爾‧蓋茲》1999年提出未來的15個預測陸續成真

　　再以微軟創辦人比爾‧蓋茲為例。比爾蓋茲在 1999 年
出版過一本名為《Business @ the Speed of Thought》的
著作，他在當中做了 15 個預測，18 年後許多預測都已經
成真，可見得當時的他是多麼具有遠見。根據《國際財經
時報》（International Business Times，IBTimes）報導，比
爾‧蓋茲在當時的書中，曾做出以下幾項知名的預測：

　　1.「行動裝置」將出現：讓人們可以隨時取得聯繫、查
詢所需資訊：如今，幾乎人手 1 支可通話與上網的智慧型
手機。

2.「線上即時付款」將出現：如今確實已出現線上刷卡、PayPal 第三方支付等功能，以及直接使用 App 即時付款。

3.「自動比價服務」將問世：此服務可讓消費者輕鬆找到最便宜的產品：現在確實能在 Google（母公司為 Alphabet，美股代號：GOOG、GOOGL）、亞馬遜（Amazon，美股代號：AMZN）等網站上找到不同價格商品，也出現如 Hotel.com、Trivago 等比價訂房網，以及 Skyscanner 這種機票比價及預訂網。

4.「電子個人助理與物聯網」將問世：如今也的確出現 Apple Siri、Amazon Alexa、Google Now 及智慧音箱等產品，並且可透過智慧型手機操控家中的電器開關。

5.「網路家庭監控設備」將出現：現在除了單純的監控鏡頭，可隨時查看家中狀況；甚至還有 PetCube 寵物互動鏡頭這樣的設備，即使主人不在家，也能與家中寵物互動。

其他預測還包括：社群媒體、自動化促銷優惠、即時運動討論網站、根據用戶習慣顯示的智慧廣告、現場直播節

目顯示連至其他網站的連結、網路討論區、以興趣為基礎的網站、專案管理軟體、網路徵才、工作外包軟體等，這些預測幾乎皆已成真。

馬雲》提出「五新」概念，將對各行各業產生巨大衝擊

除了科技界大老外，零售業巨頭的 CEO 的談話也一樣會透露多元化的市場趨勢，馬雲就曾說：「今天電子商務發展起來了，純電商時代很快會結束，未來的 10 年、20 年，沒有電子商務這一說，只有新零售這一說；也就是說，線上、線下和物流必須結合在一起，才能誕生真正的新零售。」馬雲認為，「新零售、新製造、新金融、新技術、新能源」這 5 個新趨勢將會全面對各行各業發動巨大的衝擊和影響，這正是投資人最需要及早深入了解內涵的新趨勢。掌握了這些趨勢的重點，我們該做的就是去拆解其中所包含的次產業。

1. 新零售：包含電子商務、虛實整合。

2. 新製造：主要是工業 4.0 概念，也就是利用整合企業資源，例如運用大數據導入企業生產流程，優化生產效率；

利用科技蒐集客戶需求，盡可能提供訂製化、適合使用者需求的產品。

3. 新金融：主要是 FinTech（金融科技）的概念，亦即運用科技提高金融服務的效率或創造新的金融商業模式，例如行動支付、機器人投資平台、線上募資平台等；在新金融的時代，以「普惠金融」為理想目標，無論是偏鄉、中小企業及年輕人，都能享有更便利與友善的金融服務。

4. 新技術：範圍更廣，隨著移動網路的普及，相關的技術將有無限想像；相關的技術發展包含了晶片 7 奈米到 5 奈米製程、5G（第 5 代行動通訊技術）手機、潛望式鏡頭、全螢幕窄邊框、屏下指紋辨識、擴增實境（AR）、虛擬實境（VR）等。

5. 新能源：則主要指大數據與人工智慧。在過去的時代，能源指的是煤礦、石油等實體資源；現今的社會則創造出大數據，作為未來生活發展的重要資源。

建議大家平時就要常了解世界大企業家、趨勢專家們在

做什麼、看什麼書，進而學習他們如何思考。包括他們的專訪報導，或是個人在社群平台上的分享等。另外，比爾‧蓋茲每年都會分享他當年最喜歡的好書，這多半也能成為當年度閱讀風潮。

要訣2》從日常生活中尋找產業飆股

「處處留心皆學問，萬物靜觀皆自得。」其實只要多張開心眼留意，飆股及產業趨勢就在生活中，因為趨勢就在人心、趨勢就在你我的欲望中。簡單用通俗的語言來說，「愛美、怕死、圖方便」這3個關鍵詞，就可以延伸很多對的主流產業與趨勢：

1. 例如愛美，所以想變瘦、變帥、變健康？可以留意健身產業、醫美產業與保健食品。

2. 人類對死亡與病痛的恐懼，可以延伸出防疫概念股、生技類股；開刀不想住院很久？使用達文西機器人精準開刀讓傷口極小的技術、利用基因檢測取代羊膜穿刺等解決人類煩惱的新技術。

3.「圖方便」反映在電子產品上。例如懶得動手滑手機，可以使用語音助理、智慧音箱；手機充電不想等、不想插線，無線充電、快速充電技術就是最好的應用；耳機不想收線，就是TWS（True Wireless Stereo）真無線藍牙耳機的機會；工廠請不到員工，或是想節省薪資費用？工業 4.0 及機器人應用的趨勢正在發展當中；希望上網能愈來愈快？可以留意 5G 的建設及應用；手機螢幕想要愈大愈好？就看全螢幕商機有哪些零組件受惠；開車不想看路？那就是車聯網的大未來……，不勝枚舉。

把生活股市化、股市生活化

「在日常生活中尋找 10 倍股」，這正是 1980 年代傳奇基金經理人彼得・林區（Peter Lynch）最擅長的投資策略。他從賓州大學華頓商學院畢業後，於 1969 年成為投資信託公司富達投資（Fidelity Investments）的研究員，並於 1977 年開始擔任規模僅約 1,800 萬美元的麥哲倫基金（Magellan Fund）經理人。

因為彼得・林區發掘飆股的能力，為這檔基金創造優異的績效，更吸引投資人慕名投資。他在 1990 年卸下基金

經理人職務時，基金規模已成長至 140 億美元。

根據彼得·林區著作《彼得林區選股戰略》的介紹，他在 1977 年～ 1990 年操盤期間，基金的年平均報酬率逼近 30%，這樣的成績，使他成為 1980 年代績效最好的基金經理人。

《彼得林區選股戰略》這本著作中，分享了許多誕生於日常生活的飆股案例，例如：股價飆漲 1,000 倍的零售巨頭沃爾瑪（Walmart，美股代號：WMT）、速食天王麥當勞（McDonald's，美股代號：MCD）大漲 400 倍、家具及家飾店家得寶（The Home Depot，美股代號：HD）成長 260 倍，即使是美體精油專賣店美體小舖（The Body Shop）也有 70 倍的成長，其他如殯葬產品與服務的供應商 Service Corporation（美股代號：SCI）股價上漲 40 倍、甜點店 Dunkin Donuts 及休閒服飾店 Gap（美股代號：GPS）也有 25 倍的增長，這些列出來的名單，至少都是成長 10 倍以上的飆股。

這也說明了「好鳥枝頭亦朋友，落花水面皆文章。」把

生活股市化、股市生活化，就有機會在生活當中發現倍數成長的飆股。應用在台股上，包括飼料及肉品加工大廠卜蜂（1215）、租賃業龍頭公司中租-KY（5871）、Nike運動鞋合作夥伴豐泰（9910）、國內KTV業者好樂迪（9943）、美妝及生活用品百貨寶雅（5904）、健身工廠的柏文（8462）等，都是生活選股的最佳實例。

未來電動車普及化，即為一波新的產業趨勢

此外，多閱讀《經濟日報》、《工商時報》、《電子時報》等，也可以從政府政策的報導中找到趨勢商機。以電動車為例，全球已有8個國家開始為電動車普及訂出目標。

例如，法國政府表示，將在2040年前停售汽柴油車，2040年以後，汽車製造商就只被允許出售電動車或油電混合車。

美國政府則推定2025年燃油耗損效能為每加侖（編按：1加侖約等於3.79公升）54.5英里（編按：1英里約等於1.61公里，54.5英里約為87.7公里）；2017年6月Volvo（富豪汽車）宣布2019年以後停產傳統內燃機

引擎,燃油車輛改為油電混合車或純電動車。

而中國早在 2016 年就宣布 2020 年汽車銷售中 12% 比重必須為電動車或油電混合車;印度希望 2030 年電動車全面取而代之;挪威、荷蘭則預計於 2025 年禁售汽柴油車;英國也打算提早 5 年,在 2035 年實施禁售汽柴油車政策。

光是從諸多報章媒體訊息,就可以對各國的電動車政策略知一二,進而確定某些或部分產業政策後,便能往下扎根,深入研究電動車產業中各種不同次產業的前景及業績發動時點。

台灣開放期貨夜盤交易,群益期湧現利多

再舉例,2017 年 5 月我從媒體上知道台灣即將開放期貨夜盤交易後,便深入思考期貨產業的產業趨勢,例如追蹤與研究期貨總開戶數與總交易量,以及法人使用狀況。

接著,進行產業鏈的上中下游研究,以及篩選公司,最後鎖定台灣市占率前 2 大龍頭元大期(6023)與群益期

（6024）深入研究；一研究才發現，這 2 家都是高現金殖利率且配息穩定的好公司。

　　以群益期為例，2015 年、2016 年年營收成長幅度，竟都高達將近 40% 的高水準，這種獲利與產業寡占的隱形冠軍，是尚未被發現的鑽石。當時股價約 36 元，我便決定進場投資，當作可領取配股配息的投資標的。我也在 2017 年 8 月起，於多次的公開場合及媒體專訪當中都有提到，可以持續關注這檔受惠產業趨勢政策、體質健全、配息穩定、獲利良好的股票。

　　因為手上有持股，會更加的持續關注整體產業與相關的訊息，當掌握度愈來愈高，持股數量也愈來愈高。我當時留意到，只要每次大盤急殺，都會帶動期貨與選擇權的成交量大增，例如 2017 年 8 月 10 日及 2018 年 2 月 6 日的殺盤，都帶動期貨公司的避險成交量上升；既然營收與獲利可預期，更能堅定信心，因此在 2018 年 2 月 8 日股災之後，更有底氣再進場加碼群益期的持股，後來群益期股價在 2018 年 3 月漲到 68 元之上。從 2017 年 5 月起計算，群益期這段期間的股價漲幅高達 88%（詳見圖

圖1 群益期受惠政策利多，股價漲幅達88%
群益期（6024）週線圖

資料來源：XQ全球贏家

1）。這也同時說明，長期關注產業，很有機會掌握股價的發動點。

中國「供給側改革」使華夏、台塑等台廠受惠

再舉例，2017年12月中旬，台股因為中國祭出「停工令」而大跌。進一步探查原因就知道，中國經過30年的經濟快速發展，汙染日益嚴重，秋冬愈來愈常見的霧霾對

人體傷害不言可喻。近年來，中國對於防止工業汙染的政策愈發重視，政府一聲令下，可讓某個地區工廠全數停工。

2017 年 12 月中，昆山市官方原本發出的通知是吳淞江沿岸的 270 家企業要全面停產 17 天，其中有半數是台商，使當時被點名的台灣公司股價大跌；受到強烈抗議之後，官方在最後一刻急踩煞車、停產令暫緩，先改為「減排 5 成」，但當地台商透露，這項新通知就是：用水量減半、汙水零排放、工作日調整等。

當時我就從新聞報導出發，研究「供給側（Supply Side）改革」（從產業供給方面進行改革），例如禁用煤炭，將會導致燒煤製程業者產量不足，以電石法生產的 PVC（聚氯乙烯）利差大跌，與煤焦油相關上游成本也增加。但是，利用乙稀法生產的 PVC 廠商華夏（1305）、台塑（1301）反而有可能會受惠。

最後，中國供給側改革也帶動了許多受惠廠商的股價上漲，加上國際油價上漲，讓台塑走了一段多頭，從 2017 年 12 月的 90 幾元，月線漲了 10 根紅棒直到 2018 年 9

月的 119 元。也正是因為一開始看到這些報導，讓我得以早觀察、早研究，自然落實了「處處留心皆學問，股市遍地皆黃金。」

要訣3》閱讀產業報告，確認趨勢成長力道

多閱讀產業分析報告與法人報告，為的就是從專家研究的數據，以及邏輯推演中確認整個趨勢成長的力道。

舉例來說，從蘋果過往帶動全球手機變智慧型手機的趨勢，只要稍加觀察，想必不難體認到蘋果在智慧型手機市場的指標性。

因此，當背面雙鏡頭手機面世後，我們在還沒閱讀產業報告之前，其實就可以先判斷，未來當蘋果推出雙鏡頭手機時，將會為鏡頭製造商帶來實際的業績貢獻。

然而，想知道實際帶動相關供應鏈業績的力道有多強，就要多閱讀產業分析報告以及法人報告，看看研究機構及法人是怎麼評估相關公司業績可能的上漲幅度，以了解整

個趨勢的成長力道。

受惠iPhone多鏡頭，大立光EPS大幅成長、本益比飆升

2016年5月，市場盛傳，蘋果將推出該公司首次採用背面雙鏡頭的 iPhone 7。這時候，可以看到光電科技工業協進會（PIDA）預估，iPhone 7 將進一步帶動其他業者加入雙鏡頭產業趨勢，2017年滲透率可望達到17%。

里昂證券（CLSA）則預估，2016年採用雙鏡頭的智慧型手機將上看7,700萬支，2018年將可達到4億9,000萬支，供應鏈將受益。

因此，2016年6月初，大立光（3008）股價正要挑戰3,000元關卡時，已有多家外資券商預估，2017年大立光每股盈餘（EPS）會成長至149元～171元，2018年則會成長至192元～219元，並將大立光股價調升至3,200元。

接下來市場不斷追逐大立光，給予愈來愈高的本益比（Price/Earnings Ratio，PER），2016年股價一度逼近

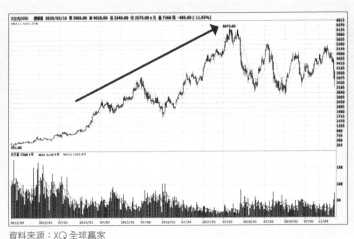

圖2 2017年大立光股價最高衝上6075元
大立光（3008）週線圖

資料來源：XQ全球贏家

4,000 元，修正後也都站在 3,000 元之上。2017 年更
加瘋狂，股價最高被推升到 6,075 元天價（詳見圖 2），
本益比最高來到 32 倍。

事後看來，大立光 2017 年 EPS 高達 193.65 元，不過
2018 年小幅衰退至 181.67 元。隨著 2019 年蘋果推出
3 鏡頭手機，更擴大鏡頭的需求量，大立光 2019 年 EPS

大幅成長到 210.7 元，繼續改寫獲利新紀錄（詳見圖 3）。

觀察趨勢不是只有看預估數據，還要一直盯著實際的數據，觀察其變化是否如預期，這也就是為什麼每天都要持續看報紙、要大量閱讀的原因。而且看新聞也會看到許多市調機構的數據，尤其當看到年複合成長率（Compound Annual Growth Rate，CAGR）超過 30% 時，絕對就是值得優先研究的趨勢！

舉 例 來 說，2019 年 5 月 市 調 機 構 Grand View Research 預 估，2016 年 AI（Artificial Intelligence， 人工智慧）直接相關市場規模約為 6 億 4,200 萬美元，預計 2025 年 AI 直接相關市場規模將達到 358 億 7,000 萬美元，即 2017 年～ 2025 年對應的年複合成長率為 57.2%。因此 AI 產業中的核心受惠股，業績很有可能就是這樣的成長幅度。

「高報酬＝高付出＋深研究」，在找出有興趣的目標之後，也是需要多深入研究產業、基本面、籌碼、技術，當了解的愈多、愈能及時評估公司與股價的狀況，面對一個

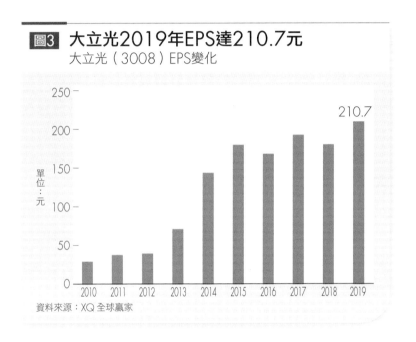

圖3 大立光2019年EPS達210.7元
大立光（3008）EPS變化

單位：元

210.7

資料來源：XQ全球贏家

比較大的產業趨勢，也才有信心抱股夠久。

　　若能進入法人思考領域是更好的，如之前 2-1 所述，國內外法人合計占台股交易比重可達 50%，若能理解法人邏輯，在投資上愈能立於不敗之地。平時多看產業資料與報告是基本功，最好還能多拜訪公司、認識研究員或操盤人朋友。

要訣4》當趨勢形成，留意類股將股價齊揚

某些具有指標性的個股（例如拿到最大訂單、掌握關鍵技術的龍頭股），股價會領先發動；不過，當你發現類股股價齊揚的時候，可能就是代表趨勢形成的徵兆。因為一旦趨勢形成時，反映在股票市場，往往是整個類股都會一起帶動，而不是僅有零星個股上漲。

例如環球晶（6488）、中美晶（5483）等矽晶圓個股，受到半導體供不應求的緣故，類股股票由2017年初起漲，證明這個趨勢正在發揮威力。

風力發電題材發酵，供應鏈應聲齊漲

另外，像是2018年4月因為風力發電的政策與政府標案，整個風力發電相關族群都在大漲，此時就可以好好研究整個產業供應鏈、個別公司等，去找尋相關個股。

不過類股股價齊揚是一個籠統概念，找到後其實要再深入次產業供應鏈，才能挑到其中最受惠的企業。例如，風力發電族群有3大次產業，包括風電製造業、風電服務業、

風電發電業。

　其中，風力發電供應鏈包括生產鋼材的中鋼（2002）、提供樹脂材料的上緯投控（3708）、負責控制及監控系統的研華（2395）；負責電力系統與配件的則有台達電（2308）、東元（1504）、信邦（3023）、華城（1519）；至於水下基礎則有中鋼及世紀鋼（9958）等（詳見圖4）。

智慧型手機多鏡頭趨勢崛起，相關個股受惠

　又例如智慧型手機產業中，除了多鏡頭、鏡頭升級外，還有 3D 感測，那就可以看全新（2455）、宏捷科（8086），潛望式鏡頭的亞光（3019）、全螢幕的次產業矽創（8016）、昇佳電子（6732）等個別不同的小型次產業及需求。

被動元件題材火熱，帶動相關族群向上成長

　而 2018 年最火紅的被動元件族群，也有分電容、電阻、電感。電容市場規模最大，又分為積層陶瓷電容（MLCC）、鋁質電容、固態電容，其中MLCC則主要看國巨（2327）、華新科（2492）。

當股價都已經告訴你,「整個族群都是對的!」任何時候進去研究都不算遲。不過,股價有時候還沒有發動,只是時機未到,並不代表趨勢不會發生,若投資人能更認真研究產業鏈與公司基本面,資訊領先的價值就在這裡。

要注意的是,也會有「真趨勢、假未來」的問題。例如3D列印,雖然是一項創新的技術,也受到許多關注;不過最後因為並未有明確的應用與發展,投資人也很難從中獲利。這部分可以透過下 1 個要訣提到的「留意終端是否有大品牌導入」,以及真實滲透率來追蹤觀察,以免追逐錯誤趨勢而鎖定錯誤標的。

股災期間觀察法人買超類股,掌握先機

一般散戶想要擺脫「滿天全金條,要抓沒半條」的窘境,就要賺產業的錢,才是開大門、走大路!這就是真正進入法人思考領域的關鍵。

所以,每天關心今日強勢類股,還有試著判斷法人買超的「產業別」,是很重要的 1 門必修課。除了可以強烈感受到資金的流動與方向,更重要的是,從強勢類股或法人

圖4 從趨勢題材尋找相關具成長潛力的公司

以風力發電供應鏈為例

原材料		
鋼材 中鋼（2002）	**玻纖／碳纖** 台塑（1301） 台玻（1802）	**樹脂** 上緯投控（3708） 長　興（1717）

風電製造業

零組件／次系統		
電力系統／配件 台達電（2308） 亞　力（1514） 東　元（1504） 信　邦（3023） 華　城（1519）	**齒輪箱** 台朔重工 **葉片** 先進複材 **塔架** 力鋼、中鋼機械	**鑄件／鍛件／ 木型** 永冠-KY（1589）、恆 耀、南隆、益光、 源潤豐 **控制／監控系統** 研華（2395）

風力機系統	BOS	
離岸風電機 新能風電	**水下基礎** 中　鋼（2002） 世紀鋼（9958）	**電纜／變電站** 大亞（1609）

風電服務業

風場規畫	風場營造
中興工程、世曦、怡興、環興	中興電（1513）、中鋼（2002）、 台船（2208）、華城（1519）、樺 棋、宏華
風力機維護	
德商風電	

風電發電業

風場營運
中鋼（2002）、台電、台海第一、艾貴風能壹、沃旭能源、海洋風 電、海峽風電、達億能源、御山能源

註：未標明股票代號者則非上市櫃公司
資料來源：工研院 IEK（台灣工業技術研究院經濟與趨勢研究中心）

買超類股當中,擷取產業脈動、看出主流產業。

例如,即使是 2020 年 3 月 9 日～ 3 月 13 日正逢新型冠狀病毒肺炎(COVID-19,以下簡稱新冠肺炎)疫情,引發股災期間,當週的投信買超張數排行,可以看到前 50 名個股當中,5G 基地台相關的個股有金像電(2368)、奇鋐(3017)、台耀(4746)、泰碩(3338);風力發電的個股有世紀鋼;雲端與邊緣運算的個股有瑞祺電通(6416)……等。

關於 5G 建置、雲端商機、伺服器相關等產業,都是投信趁股災期間的布局標的,仔細看這些個股的股價,有些跌勢相對小,有些甚至持平或逆勢上漲。

要訣5》終端品牌導入新應用,即為主流趨勢

品牌產品的導入與應用,常常決定了某種新技術的大量應用,當然就非常有可能引領新的產業趨勢。舉例來說,蘋果是全球智慧型手機的領導品牌之一,總是創造許多產業趨勢;所以,想找新的趨勢,可以先看看蘋果接下來要

推出哪些新產品，新產品又導入哪些新功能與新技術。

　　這不需要內線、也不需要預測，就能直截了當地了解新的產業趨勢。舉例來說，當蘋果跟進其他手機品牌導入雙鏡頭，就對鏡頭等光學產業起了很大的推波助瀾效果。

　　又例如全螢幕與窄邊框趨勢受惠的易華電（6552）、順邦（6147），3D 感測受惠股穩懋（3105）、全新，快速充電題材的昂寶 -KY（4947）等，這些都是蘋果智慧型手機新趨勢所帶動實質的業績成長飆股。

　　其他還有潛望式鏡頭、摺疊手機、散熱板、石墨片、無線藍牙耳機、Type-C、語音智能助理等終端應用導入等，都屬於手機新應用所帶動實質業績與成長；這些變動，就會形成新的趨勢與對的產業。

蘋果與三星導入指紋辨識解鎖系統，其他品牌爭相效仿

　　再舉例，蘋果 iPhone 及全球市占率第 1 的韓國三星（Samsung，韓股代號：009150）手機，幾年前導入指紋辨識解鎖系統，接著許多品牌爭相群起效法。從技術角

度來說，指紋識別有電容、光學和超聲波等幾種解決方案。

在 iPhone 5S 時代，電容指紋識別方案成為主流，使用者按壓手機正面的按鈕即可解鎖。不過，近年因為全螢幕手機的趨勢，讓「光學式指紋識別」技術開始興起，使用者只要在螢幕上按壓指紋即可識別解鎖（詳見圖 5）。

受到市場需求轉強，加速晶片廠商開發力道，同業競爭力道使市場晶片銷售價格降價速度快，更提高滲透率，預計到 2022 年將取代電容式方案，成為市場主流指紋識別方案。受惠者包括中國屏下指紋 IC 設計廠匯頂科技（陸股代號：603160）及台廠神盾（6462）；神盾為三星智慧型手機 Galaxy S11 提供屏下指紋辨識 IC 方案的供應商，2019 年 10 月股價僅約 100 元，1 年後股價最高漲到 315.5 元，漲幅高達 2 倍（詳見圖 6）。

因此，已經由終端品牌導入新的應用，其實就是 1 個明確的產業趨勢。儘管過程中股價可能有所起伏，或是進場時買的價格稍貴，但在大趨勢與選對公司的保護下，長線股價也不容易買錯。

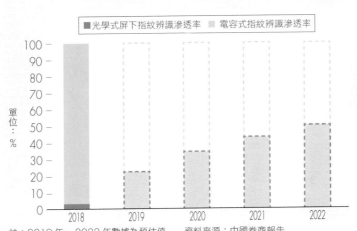

圖5 **光學式屏下指紋辨識滲透率自2019年起飛**
光學式屏下指紋辨識與電容式指紋辨識滲透率變化

■ 光學式屏下指紋辨識滲透率　　□ 電容式指紋辨識滲透率

單位：%

註：2019年～2022年數據為預估值　　資料來源：中國券商報告

　　再次以大立光為例，若能結合本文提到的「要訣3：閱讀產業報告，確認趨勢成長力道」，2016年時，你已經能從法人報告或新聞媒體，掌握到蘋果iPhone 7將搭載雙鏡頭。就算你沒有仔細看法人對未來鏡頭市場的成長預測，光是了解到「雙鏡頭意味著對於光學鏡頭有雙倍的需求」，就不能輕忽這項趨勢，絕對不能小覷品牌廠商對於產業趨勢影響力是舉足輕重的。

圖6 神盾受惠指紋辨識趨勢,股價翻漲2倍
神盾(6462)週線圖

資料來源:XQ全球贏家

　　股市沒有專家,只有贏家與輸家!不要在意股票從哪裡漲上來,只需要在意股票未來要漲到哪裡去。只要練熟本篇章提到的5大要訣,你也能讓趨勢帶你前往股價該有的高度。

2-3 深入分析供應鏈商業模式 篩出具成長性的個股

　　找到對的產業之後，投資研究工作其實才算剛起步，當然，好的開始是成功的一半，剩下的一半仍須孜孜矻矻，方能滴水穿石。接下來，要再如何進行下一步？研究產業的供應鏈脈絡，就是很好的起頭。

　　供應鏈的分析，就是釐清從 2-2 提到 5 要訣中所找到的未來明星產業，是位在整個供應鏈上中下游的哪一端？是否屬於供應鏈中成長最快，或是最有利的環節？屬於哪一類型的商業模式？

了解供應鏈上中下游廠商——以半導體產業為例

　　要怎麼尋找產業供應鏈資料？櫃買中心與證券交易所有一個網站「產業價值鏈資訊平台」（ic.tpex.org.tw／），只要進入網站點選想查詢的產業，就可清楚看到整個供應

鏈的結構及簡介，一般投資人都可以很輕鬆的取得。

　　以大家最熟悉的半導體供應鏈來當作例子（詳見圖1），要製造出一顆晶片，首先需要有IP設計（註1）、IC設計公司的研發人員寫程式，建構出晶片的核心功能；接著，需要晶圓代工廠按照設計圖執行晶圓製造，最後以封裝測試收尾，就此完成整個晶片製造的流程。

　　最上游的IP設計公司相當於提供建築師建築工法專利的專利商，例如創意（3443）、世芯-KY（3661）；IC設計公司就很像是建築師或設計師，例如原相（3227）、聯發科（2454）、譜瑞-KY（4966）、聯詠（3034）、瑞昱（2379）等公司；位於供應鏈中游的晶圓代工廠，就相當於蓋房子的建設公司，例如台積電（2330）、聯電

註1：IP原名為矽智財（Silicon Intellectual Property），簡單來說，IP設計是晶片設計當中的一種智慧財產權。如果按照實際含義，可稱之為「元件功能組塊」，是一種事先定義、曾經驗證、可以重複使用的功能組塊，就如同樂高積木一樣。IC設計工程師可以把既有的IP做適當的組合，快速設計出一顆具有特定功能的晶片（IC）。

圖1 IC設計位於半導體供應鏈上游

半導體產業供應鏈關係圖

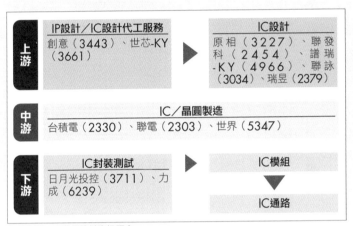

資料來源：產業價值鏈資訊平台

（2303）、世界（5347）等公司；IC封裝測試是將晶圓代工廠做好的晶片，進行包覆裝配與功能測試，等同於蓋好房子之後的裝潢、包裝公司，例如日月光投控（3711）、力成（6239）等。

這整條供應鏈中的每個產業，也都有自己的特性。以晶圓代工而言，製程複雜、資本支出龐大；製程分為晶圓片

的長晶、切晶,接著還有擴散、曝光、顯影、蝕刻等複雜的製程,這些製程中又會有不同的上游原材料供應商,或是下游的服務商牽涉其中;例如提供晶圓製造的設備廠商、製程當中所需化學品的產業、採購晶片以銷售給最下游電子產業製造商的 IC 通路產業等。

因此,不同供應鏈上中下游會有不同的商業模式、營運模式,進而產生不同的毛利率、獲利能力。當然,不同的營收成長方式,也會有不同的股價評斷方式。

又例如風力發電供應鏈,上游主要是設備製造業,其中原材料的部分包括鋼材,主要企業有中鋼(2002)、新光鋼(2031);風力葉片樹脂的製造商則有上緯(4733),鑄件則是永冠 -KY(1589)。

一樣是上游的電力系統,則有台達電(2308)、華城(1519)、亞力(1514)、台汽電(8926)等;水下基礎與塔架包括中鋼及世紀鋼(9958)。中下游的整合服務業及發電業就沒有那麼多次產業,參與的企業也較少,風場營造有台船(2208)、中鋼,風場營運則僅有上緯。

研究供應鏈達成3大目標，選出優質標的

研究供應鏈上中下游主要有 3 大目標：

目標1》找出獲利率較高的商業模式

不同供應鏈有不同商業模式，不同商業模式則會有不同的毛利率。商業模式指的是一個事業創造營收與利潤的手段與方法，也就是說不同公司用不同的方式賺錢，而我們可以盡量尋找獲利率較高的商業模式。

例如，許多上班族都喜歡點外送飲料當下午茶，一杯飲料從原料、製造、販賣、最後送到你手中，是由許多不同公司所供應的商品及服務所完成的。包括送飲料給你的外送平台、開放加盟收加盟金的品牌商、加盟店、自營商店、刷卡機、廣告商、杯子及吸管製造商、杯口封膜機台製造商、茶葉供應商……等。

這麼多公司，就可以分類為賣服務、賣設備、賣軟體、賣硬體等不同類型，背後更代表著不同供應鏈，也就有不同商業模式，獲利能力及毛利率自然不一樣。

像是飲料品牌公司的商業模式是供應原料給加盟店、收取加盟金，獲利率就容易比加盟店來得好；外送平台則是向合作店家抽成，聘請外送員將商品送到終端消費者手中，或許單筆收入不高，但合作的商家和觸及的消費者多，就能以量取勝。

目標2》優先投資高毛利率標的

獲利率又包括代表產品競爭力的毛利率、代表本業獲利的營業利益率，以及最終實際獲利的稅後淨利率。當1家公司毛利率愈高，代表它的營收當中，成本的比重愈低，也意味著這家公司的附加價值愈高。

高毛利率的公司，就算成本一時提升，也不至於大幅衝擊獲利，較能有度過風險的實力。

像是半導體供應鏈當中，IC設計公司的最大特色就是毛利率相當高（詳見表1），因為它們不像晶圓代工廠需要支付龐大的折舊成本、存貨成本及相關管理費用，主要成本來自於工程師的固定薪資。當然，即使同樣位於同產業，不同公司的毛利率表現也有高低之別。

表1 **半導體供應鏈中，IC設計公司具高毛利率**

半導體供應鏈毛利率

供應鏈位置	產業	個股（股號）	毛利率（%）	
			2019.Q3	2019.Q4
上游	IP	世芯-KY（3661）	46.36	32.57
		創　意（3443）	34.16	32.80
	IC設計	信　驊（5274）	62.73	62.55
		原　相（3227）	57.81	58.02
中游	晶圓代工	台積電（2330）	47.58	50.20
		聯　電（2303）	17.05	16.65
		世　界（5347）	37.02	36.07
下游	封裝測試	力　成（6239）	20.14	21.63
		日月光投控（3711）	16.25	17.11

資料來源：公開資訊觀測站

　　IC 設計公司的每股盈餘（EPS）容易有極大的起伏，因為當手中有大訂單的時候，就會帶來相當高的業績成長性。簡而言之，IC 設計公司的股價表現，會比半導體下游的封裝廠來得活潑。

　　投資人也可以留意，在不同環境與時空背景下有哪些的產業能夠受惠。例如，若未來 5G（第 5 代行動通訊技術）及 AI 繼續發展，受惠最高的產業自然非半導體業莫屬，那

麼找尋次產業時，就可以先從高毛利的 IC 設計公司著手，才能抓到產業最大的成長幅度，這也是股價成長的來源。

目標3》留意供應鏈所在環境的潛在風險

供應鏈處在不同的位置，受影響的因素也各有不同。唯有了解供應鏈，才會知道大環境變動時，對哪個環節的衝擊最大或最小。

最簡單的例子，可用蔬果來說明。只要稍加觀察就能發現，以往當颱風過境之後，因為產地受到災害，在需求量不變的狀況下，青菜供應量減少，菜價必然上漲。既然上游菜農漲價，批發的大盤、中盤商用比較高的成本取得，接下來的通路商、最下游的自助餐店老闆，也勢必要用更高的成本購買青菜。

既然成本提高了，若自助餐老闆賣的便當不漲價，或是給顧客的供菜量不減少，獲利一定會縮水。最上游的菜農雖然可以提高菜價，但是因為採收數量也會減少，整體獲利金額不一定會比較好。至於中間的通路，如大盤商、中盤商、通路商、網路直銷商，有的可以藉機大賺，但也有

的不受影響，各有各的毛利率跟經營模式。

回到台股，以輪胎供應鏈為例，由上而下依序為上游的石油、丁二烯，中游的橡膠、下游的輪胎等。因此投資人若有投資輪胎股，就不能不留意上游的石油價格、中游的橡膠價格變動，因為這些原料價格變動都會牽一髮動全身，影響下游輪胎成品獲利。

選擇了產業之後，對於供應鏈上中下游的熟悉與掌握，是不能逃避的必備功課。正所謂，怕熱不要進廚房，做股票，不要怕麻煩！不同的時空背景，造就不同供應鏈有不同的獲利成長性，當然股價反應就不同。當你隨著時間的累積，建立起這些必備的專業知識後，就能像產業隊長一樣，進入法人的思考領域。

分析報價對供應鏈的影響 —— 以記憶體產業為例

最後，以 2020 年從景氣循環谷底回升的記憶體（DRAM）產業來做案例分享（詳見圖 2）。記憶體整體市場經過 2 年（2018 年～ 2019 年）的跌價，NAND

Flash 甚至跌到廠商的現金成本之後，隨著 2020 年遊戲機改款、手機搭載容量倍增、TWS（True Wireless Stereo）真無線藍牙耳機搭載、伺服器大量建置等需求，記憶體報價觸底回升。

我們分別來看看，當記憶體報價下跌及上漲時，會分別對供應鏈不同位置的公司造成何種影響，可簡單分成 2 種情況：

情況1》記憶體報價下跌，對封裝測試廠並無不利影響

當記憶體報價走跌時，最下游的模組與品牌廠及中游的記憶體晶圓代工廠，例如南亞科（2408）等廠商，就會受到獲利的壓縮，但是對於封裝測試廠影響不大。

例如南亞科 2018 年及 2019 年的 EPS 分別為 12.8 元與 3.23 元，起伏甚大。但中下游 DRAM 封測廠的力成（6239），獲利狀況反而相對穩定，2018 年前 3 季與 2019 年前 3 季 EPS 分別為 6.27 元與 4.84 元。因為對封裝廠來說，不管 DRAM 報價如何，都是根據製程複雜度來收取封裝費用，市場對 DRAM 數量需求降低時，才會影

圖2 記憶體報價下跌，中游晶圓代工廠將受挫
記憶體產業供應鏈

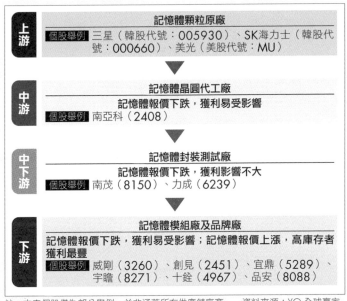

上游	記憶體顆粒原廠
	[個股舉例] 三星（韓股代號：005930）、SK海力士（韓股代號：000660）、美光（美股代號：MU）

▼

中游	記憶體晶圓代工廠
	記憶體報價下跌，獲利易受影響
	[個股舉例] 南亞科（2408）

▼

中下游	記憶體封裝測試廠
	記憶體報價下跌，獲利影響不大
	[個股舉例] 南茂（8150）、力成（6239）

▼

下游	記憶體模組廠及品牌廠
	記憶體報價下跌，獲利易受影響；記憶體報價上漲，高庫存者獲利最豐
	[個股舉例] 威剛（3260）、創見（2451）、宜鼎（5289）、宇瞻（8271）、十銓（4967）、品安（8088）

註：本表個股僅為部分舉例，並非涵蓋所有供應鏈廠商　　資料來源：XQ全球贏家

響封裝廠的業績。

情況2》記憶體報價上漲，高庫存模組品牌廠將受益

不過若當報價上漲的時候，最先要留意的反而是供應鏈

下游的模組品牌廠。當模組廠商有較多的低價庫存，就能在報價提高時收取較高的獲利！

所以2020年第1季DRAM報價走揚，下游模組廠商中，尤其庫存多的，儘管獲利還沒有呈現在公司財報上，股價卻已經可以見到極大的走揚幅度。

例如威剛（3260）跟十銓（4967）都屬庫存較多的廠商，只要簡單利用最近1季財報上的庫存與股本，就可推算出漲價帶來的庫存銷售利益都超過1個股本！

以威剛而言，2019年第3季存貨餘額為58億4,984萬元，相對其股本21億9,725萬元，存貨相當於2.66個股本；至於十銓2019年第3季存貨餘額為11億4,660萬元，其股本為6億8,258萬元，相當於1.68個股本，也就是說，這2家公司光是賣出部分庫存，對EPS都能有相當的貢獻。

因此這2家公司的股價從2019年12月起就紛紛大漲，並呈現階梯式走升的多頭格局（詳見圖3、圖4）。這一

圖3 威剛股價自2019年12月即強力上漲
威剛（3260）日線圖

資料來源：XQ 全球贏家

段獲利，絕對是給對產業供需有了解、懂得分析供應鏈，以及認真研讀財報的專業投資人所能賺到的超額報酬。透過供應鏈分析的奧妙，盡在於此！

　台灣股市屬於淺碟市場，電子股又占了 8 成市值，因此電子股的供應鏈是投資人踏入市場中，最需要先摸熟的。而且所有的贏家都是贏在追蹤、勝在調整；不同時空背景，

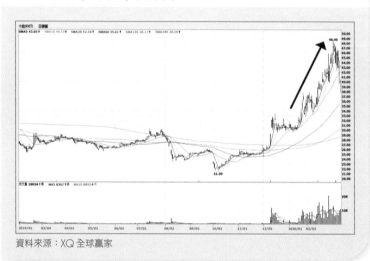

圖4 **十銓股價自2020年1月中起快速拉升**

十銓（4967）日線圖

資料來源：XQ 全球贏家

不同供應鏈、不同公司，「失之毫釐，差之千里。」產業
上中下游供應鏈的分析與重要性，不言而喻。

專注分析——
獲取產業正確資訊

3-1 運用「祖魯法則」聚焦投資 賺取超額報酬

「一鳥在手勝過十鳥在林！」我常常這樣告訴我的學生，雖然在研究產業趨勢階段，會看到好幾個投資線可以進行，但最終還是要集中火力在幾個利基點上，專注 1 個小的領域；這就是英國著名成長股投資人吉姆‧史萊特（Jim Slater）所說「雷射光束勝過散彈槍」的道理。

只要能把基本面研究得夠深，挖出藏在細節裡的魔鬼，自然就能了解得比別人多；以有限的資源、集中的產業研究，取得壓倒性的勝利，得到超額報酬。因此在學習如何研究公司基本面之前，我建議投資人可以先了解，史萊特著作《祖魯法則》（The Zulu Principle）當中的核心投資理念——「聚焦」對投資的重要性。

史萊特之所以將書名取為「祖魯法則」，是因為他發現他的妻子讀到 1 篇關於祖魯人的文章，沒多久，就比史萊

特更了解祖魯人。他領悟到 1 個道理，只要專精研究於某個特定領域，就能夠成為該領域的專家！投資也是一樣。不需要全盤掌握整個市場，只要精通其中某種標的，就有機會成為該投資領域的佼佼者。

布局小型股，散戶比法人更具優勢

史萊特強調，投資小型股的長期報酬率，明顯高於大型股。而法人受限於資金過多，通常不會將小型股納入投資選項；對此，資金少的散戶，反而可以毫無顧忌的投資小型股，比起法人大戶更有機會獲取小型股的優異報酬，因此祖魯法則也被稱為「散戶兵法」。

簡單說，祖魯法則的投資重點在於「聚焦」、「集中持股」、選擇「小型成長股」，隨著公司價值與獲利的成長，坐收凌駕於大盤的股價漲幅。祖魯法則當中，有十多項基本分析評估法：

1. 本益成長比（Price/Earnings to Growth Ratio，PEG）小於 0.66 倍，小於 0.5 倍更好。

2. 未來 1 年本益比（Price/Earnings Ratio，PER）小於 15 倍。

3. 股東權益報酬率（ROE）大於 15%，而且連續 3 年正成長。

4. 近 5 年每股盈餘（EPS）正成長，年增率達 15% 以上。

5. 毛利率大於 15%。

6. 負債比小於 50%。

7. 自由現金流量大於零。

8. 總市值不能太高。

9. 股本小（《祖魯法則》書中建議為 1 億元英鎊以下，若應用在台股，約可設定在股本新台幣 50 億元以下）。

10. 大股東持股比率 20% 以上。

11. 融資比率小於 5%。

12. 經營階層樂觀。

13. 股價相對強度高。

14. 公司具競爭優勢。

其中我比較重視的是「本益成長比」，因為這代表了成長性及趨勢的力量，這也是我在做基本分析時會評估的要點，3-2 將有進一步的詳細介紹。

飆股漲的不只是股價，而是對的趨勢

事實上，我正在使用的投資法，正是運用了祖魯法則的精神：「聚焦」（找到對的產業趨勢並專精研究）、「集中持股」（選對個股後壓大放長）、選擇「中小型成長股」（著重在台灣中小型股，股本約在新台幣 50 億元以下，股價較有爆發力）。

由於我重視的是產業趨勢，1 檔飆股在漲，漲的通常不只是股價，而是對的趨勢，就像是「醉翁之意不在酒」、「哥喝的不是咖啡而是寂寞」。表面上是這家公司業績高成長，但事實上，背後通常有產業力道在推動。因此我的選股邏輯著重的就是找到對的產業及對的故事，符合條件的個股，自然就會引領資金上門，一點都不需要公司積極向法人吹捧自己的業績及未來。

其實很多飆股在初期上漲時，就連大股東及公司派自己都可能不太清楚原因；尤其是專注於公司業務，不太理會資本市場的這種公司，常常是法人輪流上門，研究報告爭相推薦時，才會發現背後主導的趨勢為何。

漲在題材、盤在營收、跌在獲利

在這邊跟大家分享 1 個小口訣，有些時候「漲在題材、盤在營收、跌在獲利」是常有的現象。例如，2019 年美中貿易戰打得沸沸揚揚的時候，立積（4968）股價從 2019 年 4 月的 50 幾元，漲到 2019 年 10 月的 255 元，回顧立積 2019 年第 1 季～第 3 季的單季 EPS，分別是-0.18 元、1 元、1.57 元，股價卻能一口氣衝到 255 元，靠的就是背後的產業趨勢與轉機。

立積主要生產射頻前端元件與模組，射頻前端模組（FEM）是手機通信系統的核心組件，而射頻前端元件包含 PA（功率放大器）、LNA（低噪音放大器）、濾波器、射頻開關等。

2019 年時，全球 PA 市場市占率中，有 9 成被 4 家公司占據，包括美商思佳訊（Skyworks，美股代號：SWKS）、Qorvo（美股代號：QRVO）、博通（Broadcom，美股代號：AVGO），以及日商村田製作所（Murata，日股代號：6981）。另外，濾波器以 BAW 濾波器、SAW

濾波器為應用於手機的主流，其中 Broadcom 就囊括了 87% 的 BAW 濾波器市場，SAW 濾波器也被日商村田製作所、東電化（TDK，日股代號：6762）、太陽誘電（Taiyo Yuden，日股代號：6976），以及美商 Skyworks、Qorvo 等公司，占據了超過 9 成的市場。而射頻開關市場也呈現寡占格局多年。

2019 年由於美中貿易戰延續，中國手機、網通等大廠，紛紛欲建構不靠美國供應鏈的自主國產化供應鏈，逐漸形成去美化趨勢。而立積為唯一非美系、能提供 Wi-Fi FEM 廠商，因此，市場也紛紛看好它將受惠於大量轉單效應，並給予高度的營收與獲利成長預期。

觀察法人對立積 2020 年 EPS 預估，也從原本的 5 元，提升至 8 元～ 10 元，目標價也從 150 元一路上調至 280 元。而在 2019 年時，能夠從這檔股票賺到錢的人，肯定都是對於產業的變革、產業的理解有一定的深度的投資人。

但如果是 1 家背後沒有大題材當靠山的公司，就算基本

面不錯，法人興趣不高，也就不會有太多的資金進場推動。

因此我不厭其煩地提醒產業及趨勢的重要性，就是要讓大家牢記，1家近期業績成長高的公司，背後一定有1個大的趨勢及故事形成；若能先把握住這個要點，抱股的時間及意願才可以拉長，這不會只是曇花一現的題材。

接下來只要基本面功夫下得深，奇蹟就會發生；也就是對的股票及基本面，會吸引資金，籌碼面就對了；當買盤推升股價上漲後，技術面自然也對了。

從5大構面確認個股是否位於向上趨勢

找到具有成長潛力的好公司，接著就是用法人選股的邏輯，分析這檔個股是否位在向上的趨勢上，主要從基本面、題材、族群、籌碼、線型等5大構面切入（詳見圖1）：

1.基本面

對於有興趣的個股，嚴謹的檢視其基本面，讓自己的基本面檢視方式形成標準流程（詳見3-2）。

圖1 法人鎖定標的後進行分析、決策、記錄

法人選股邏輯與操作模式

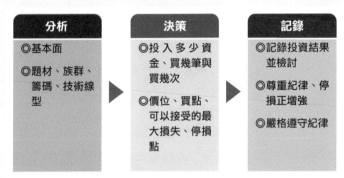

註:「停損正增強」指的是鼓勵自己「停損是紀律」,可以少賠很多錢,停損就是獲利

2.題材

檢視這家公司生產哪些類型的產品?搭上哪些相關題材(詳見 2-1 ～ 2-2)?

3.族群

檢視該公司屬於哪一個產業?在產業當中,該公司屬於上中下游的哪一端?有哪些上下游的供應商及客戶(詳見 2-3)?

4.籌碼

觀察這家企業的三大法人、大股東及大戶動向、地緣券商、券商分點、融資券、庫藏股等這 6 項指標。當有法人大戶也開始留意到這檔股票，股價更有機會被推升（詳見 4-1）。

5.技術線型

觀察該公司的技術線型，包含型態、位置、波浪、成交量、強弱度、支撐壓力、指標、均線等 8 大法則（詳見 4-2）。

從上述構面判斷為可以進場的標的後，接著要形成投資決策，包含：這檔個股要投入多少資金、要分幾次進場，以及總共分配買幾筆，適合進場的幾個價位與買點評估。甚至是停損點、最大損失金額可能是多少，都要事先估算好，以免應該停損時卻想拗一把而得不償失。最後，整個投資過程結束後，不管賺賠，都一定要記錄，作為日後的參考依據。當建立起完整的投資決策後，就要依照紀律嚴格執行！

3-2 以「基本分析七龍珠」判斷公司投資價值

確認股票有對的趨勢、對的故事，還得從基本面判斷這是否為 1 家值得投資的公司，我稱之為「基本分析七龍珠」，共包含以下 7 個面向（詳見圖 1）：5 項基本指標、本益比（Price／Earnings Ratio，PER）與本益成長比（Price／Earnings to Growth Ratio，PEG）、成長動能、營運狀況（包含營收、毛利率、淨利率）、資本額及籌資計畫、商業模式、競爭優勢與競爭者。

分別說明如下：

5項基本指標》掌握公司有無好題材或營運動能

在分析 1 家公司的基本面時，務必要優先分析公司是否滿足產業隊長自創的 5 項基本指標，包含新產品、新市場、寡占、高成長、國際級大客戶。

圖1 從7面向判斷是否為可投資的公司
基本分析七龍珠

這是能夠迅速掌握 1 家公司是否有好題材及營運動能的關鍵，也是「基本分析七龍珠」當中最重要的部分：

1.新產品

新產品容易有較高的毛利率，獲利自然比較容易拉高，

表1 大立光及台積電皆擁有高毛利率

大立光（3008）及台積電（2330）毛利率變化

年度	大立光（3008）	台積電（2330）
2012	41.67	48.18
2013	47.25	47.06
2014	53.52	49.51
2015	57.38	48.65
2016	67.11	50.09
2017	69.36	50.62
2018	68.78	48.28
2019	69.01	46.05

註：單位為% 資料來源：公開資訊觀測站、XQ全球贏家

以大立光（3008）及台積電（2330）來說，擁有高技術與高含金量，以及不時有新製程與新產品，因此都是業界知名的高毛利率公司（詳見表1）。只要公司能將營業費用控制得宜，當營收節節升高、持續保有高毛利率的優勢，將有助於每股盈餘（EPS）每年增長，股價自然水漲船高。

或是像模具廠從一般工廠的模具，切入航太所需的模具時，因為精密度及良率要求不同以往，毛利率及獲利率便會提升。又例如即將進入5G（第5代行動通訊技術）時

代，對於基地台、訊號傳輸的硬體需求，就是屬於新產品，相關供應商可能還沒開始接單生產，股價就已經先上漲。

2.新市場

當公司切入全新的市場，市占率從零開始，基期自然低，成長幅度也大。例如創意（3443）跟世芯-KY（3661），切入超級電腦、量子電腦及 AI（Artificial Intelligence，人工智慧）電腦的晶片，這些晶片很少有公司能生產，因此市占率可說從零開始，如此低的基期，隨著訂單的增加，就能享有很高的成長幅度。又例如近幾年興起的虛擬貨幣，不只帶動了幣值報價的增長，還讓 PCB（Printed Circuit Board，印刷電路板）、主機板等製造商有了全新市場。

立下新技術的門檻，也會創造新的市場。例如台積電運用 7 奈米高階製程製造手機 GPU（Graphic Processing Unit，圖形處理器）晶片，製程難度愈高，愈沒有競爭者可以跨入，市占率及成長幅度自然高。

3.寡占

「寡占」（Oligopoly）是一種市場競爭的型態，指的是

在一個特定市場當中，僅有少數幾家供應商，難有新進者進來搶市。當 1 家公司做的是寡占生意，市場地位不易改變，獲利也相對穩定。

寡占的更高一級就是「獨占」（Monopoly），孤門獨市，全市場只有 1 家供應商，獲利能力比寡占更穩定。例如微軟（Microsoft，美股代號：MSFT）的 Windows 作業系統及 Office 文書處理系統，是銷售全球的獨家生意；至今公司累積了逾 1 兆美元市值，即使市場上有其他替代的系統，但市占率卻遠遠不及。

多數的獨占或寡占事業通常為國家所經營或是特許行業，例如台電（台灣電力公司）、自來水公司、高鐵、銀行、廢棄物處理、電信公司等；或是因為優異的技術水準，拿下市場上的高市占率，建立起強大的護城河，例如台積電 7 奈米製程的晶片，截至 2020 年 2 月，市占率高達 95%，幾乎沒有對手。

另外像是手機鏡頭產業龍頭大立光、美國電子商務網站龍頭亞馬遜（Amazon，美股代號：AMZN）、全球搜

尋引擎龍頭 Google（母公司為 Alphabet，美股代號：
GOOG、GOOGL）等，都是叱吒該產業、擁有強大護城
河的公司。這樣的公司，因為築起很高的進入障礙，別的
公司不容易進來了，那麼利潤自然就大了。

　寡占與獨占公司，因為有極強的競爭優勢，若本身能維
持良好的財務體質與經營能力，投資人選擇這樣的公司，
投資勝算幾乎是十拿九穩。而在台灣，也有不少隱形冠軍，
都利用有限的資源，在有限的市場裡取得高市占率，我認
為這是台灣資本市場非常值得投資人深入研究之處！

4.高成長

　高成長意味著產業趨勢的正確性，在對的產業趨勢浪頭
上，由於容易有大訂單，或是企業本身具有技術及產品的
優勢，使得市占率提升，高獲利自然可以期待。這個成長
動能會是公司未來營運成長的來源，也就是「豬站在風口
上也會飛」的道理。

　就好比手機鍵盤產業，屬於產業典範移轉當中會消失的
產業，若無特殊的需求，大家漸漸地使用觸控螢幕來「滑」

手機，那麼生產手機按鍵的公司，其市場需求不僅很難有成長，反而可預期這市場會逐漸消失。

又例如公司本身競爭力夠高，有對的趨勢、對的產品，也會帶來高成長，例如本書多次提到的例子，智慧型手機走向背面雙鏡頭、3 鏡頭，鏡頭需求就是成長 2 倍、3 倍，智慧型手機鏡頭龍頭廠大立光，理所當然能直接受惠。

展望 2020 年之後，有哪些是具有高成長潛力的產業？舉凡車聯網、高速傳輸、雲端、AI、5G、邊緣運算（Edge computing）、風力發電、工業 4.0、衛星、指紋辨識、飛時測距（Time of Flight，ToF）、中國自主可控受惠股、宅經濟、人臉辨識、虛擬實境（Virtual Reality，VR）與擴增實境（Augmented Reality，AR）、免疫療法、防疫醫材等產業，都是具有高需求的新時代產業，成長率自然也就大幅勝過許多夕陽產業。

5.國際級大客戶

台灣電子業可說是以代工起家，上游大客戶的訂單，往往是台股相關供應鏈業績大轉機的開始。例如早期電子股

切入「Wintel」供應鏈，也就是微軟的 Windows 電腦作業系統，加上英特爾（Intel，美股代號：INTC）的中央處理器，帶動台灣筆記型電腦（NB）、個人電腦（PC）霸業。近 10 年則是由蘋果（Apple，美股代號：AAPL）、特斯拉（Tesla，美股代號：TSLA）等，為台灣電子股供應鏈帶來新的成長來源。

因此若 1 家台灣製造商本來都是內銷，但成功開發了 1 家國際級大客戶，且成為該客戶的主要供應商，就能夠從平凡的醜小鴨翻身為資本市場人人愛的天鵝。

另外，1 家國際級的公司，也代表著技術及產品水準遠高於市場平均值，其客戶多半也都是國際級的，正如電子零組件廠嘉澤（3533）或健策（3653）的客戶都是英特爾、超微半導體（AMD，美股代號：AMD）這種國際級大客戶。在大客戶的嚴謹要求下，也就代表著嘉澤與健策的技術水平高，足以得到國際級認證。

1 家會成長的好公司，在以上的 5 項指標中，至少需要具備其中 3 項條件。通常能全部符合的，多半是業內龍頭

或隱形冠軍,甚至有可能是未來股王。因此就算不做更詳細的基本分析,至少也要確認上述 5 項指標,才能確保基本的投資勝率。

本益比與本益成長比》可制定成長股買賣策略

「本益比」是一種評估股價的方法,指的是投資人的投入成本(或股價)對上公司每年收益的比率,也叫做市盈率。本益比的意義是,要賺到未來每年 1 元的收益,需要投入幾倍成本。如果投資 10 萬元,每年能拿回 1 萬元,本益比就是 10 倍。本益比 20 倍,代表要賺未來每年 1 元的收益,現在需要投入 20 元。本益比也可以拿來評估回本年數,公司若每年賺 1 元,要把投資人投入的每股 10 元賺回,需要 10 年,就是 10 倍本益比。本益比公式如下:

本益比=股價 ÷ 近 4 季累積 EPS

基本上,本益比是市場用來判斷目前股價相較於獲利,是否高於平均值,至於一般的合理本益比範圍在 8 倍～ 20 倍之間,如果低於 8 倍,代表股價過低或是有特別原因;

如果在 8 倍～ 12 倍屬於比較便宜的股價區間；12 倍～ 20 倍屬於正常範圍，超過 20 倍則是股價偏貴，或者是高成長股。

市場集體賦予股票的目標價與本益比息息相關，例如廣達（2382）本益比曾經高達數十倍，近年本益比則多在 10 倍～ 15 倍之間。而一些中小型成長股，相較於已經公布的 EPS，股價卻常漲至 20 倍、30 倍本益比，看起來股價偏貴，有些投資人會想要等待股價拉回再買，但這種公司卻常常是見回不回。

這種時候，用本益比會失真的原因，來自計算本益比的傳統算法，所用的分子是過去 4 季的 EPS，這已經是歷史資料，無法反映未來狀況。而成長股的 EPS 會持續成長，因此必須使用預估未來 4 季的 EPS，才能提高估價準確度。

不過，我最常運用的估價方法其實是「本益成長比」，可用來制定成長股的買賣策略，這也是考慮公司未來成長性的估價方法，才讓我敢在股票已經上漲一段的時候大力買進。否則，一直使用過去的盈餘，很容易受到歷史資訊

蒙蔽，而錯過很多未來將端出好業績、高成長的好股票。
不要問股價從哪裡漲上來，去思考股價要漲到哪裡去！

　　本益成長比是由英國著名成長股投資人吉姆‧史萊特（Jim Slater）提出，在他的著作《祖魯法則》當中可以看到。他將公司未來的獲利成長性納入考量。本益成長比公式如下：

本益成長比＝本益比 ÷ 盈餘成長率

　　假設 1 家公司目前的本益比 10 倍，未來的盈餘成長率 10%，本益成長比即為 1 倍；當本益成長比為 1 倍時，代表目前股價合理，數值愈低則意味著股價愈被低估。根據史萊特的定義，本益成長比低於 0.75 倍的股票才值得買進，低於 0.66 倍更好。而我個人則是認為最好找本益成長比在 0.6 倍以下的股票，這表示股價還未反映高成長，值得買進。

　　例如某家公司目前股價 400 元，假設明年 EPS 為 20 元，本益比則為 20 倍（＝ 400 元 ÷20 元），盈餘成長率 42%，本益成長比則為 0.47 倍（＝ 20÷42），低於

0.6 倍，符合買進條件；再假設，若預估某檔個股獲利成長 15%，目前本益比為 20 倍，那麼本益成長比約為 1.33 倍（＝ 20 ÷ 15），代表股價已經過高，最好能夠賣出，除非獲利成長率能夠提高，那麼股價才有再上升的空間。2017 年～ 2018 年的矽晶圓產業即是如此。

另外，也可以用本益成長比倒推合理本益比。以製作雲端設備晶片的信驊（5274）為例，法人估計淨利率成長 18% ～ 25%，以本益成長比為 1 倍來推算，合理本益比就是 18 倍～ 25 倍，如果以目前實際盈餘算出來的本益比還低於 18 倍，那就能期待股價還有上漲空間。

如果本益比為 20 倍，就要考量盈餘成長到 25% 的機率有多高？如果機率不到 5 成，操作空間可能就不大，最好等股價拉回再進場，且須時常更新盈餘成長幅度。

因此，透過盈餘成長率來思考合理本益比，事先計算好本益成長比，在估算股價時自然更得心應手，所估出來的目標價及本益比才不會失真，執行策略時也就不會有太多意外而失去紀律；更不會因為覺得本益比太高不敢買，而

死守歷史本益比、錯失進場良機。

成長動能》確認公司對未來營運成長的展望

股票反映的永遠是未來，在對的主流產業趨勢上，就是
會有對的故事，公司未來展望當然會比較好，因此「成長
動能」是法人研究報告中很常強調的重點。

成長動能多半要透過詢問公司才能確認，例如是否有新
產品、新市場、新訂單、新客戶等；更詳細一點的是詢問
公司業績，像是在法說會上可以發現，法人研究員最常問
公司的就是對未來的預測或展望。例如未來 1 季或半年、
1 年的營業收入與毛利率是持平，或是沒有悲觀的理由、
全面看好？

如果公司看法是持平，多半會看到法人後續撤守更換標
的；如果公司認為沒有悲觀理由，代表法人對大環境及訂
單有所疑慮，但公司認為沒有那麼差；如果公司的看法樂
觀，甚至能直言成長力很強，這就是非常好又扎實的利多，
這樣的公司就算買貴，也不見得會買錯。

有時候公司無法正面回答未來營收獲利的明確數字時，研究員也常會以較委婉的方式詢問公司：「下一季營收有沒有比去年最好的時期更好？」或是詢問上下半年的營收比重，來推估接下來的成長性。

成長動能會決定本益成長比的計算，也是法人用來判斷是否買進的核心要素。若缺乏成長動能，即使是公認的好公司，股價也沒有上漲的著力點。所以綜合來說，5 項基本指標、本益比與本益成長比、成長動能，是產業隊長「基本分析七龍珠」中最重要、也最不能省略的 3 大分析面向。

營運狀況》從營收、毛利率、淨利率看獲利表現

要看 1 家公司的營運狀況，就是「有沒有賺到錢」，必須從財務報表當中的「綜合損益表」數據見真章。若用比較輕鬆的方式來了解損益表，可以用早餐店的獲利來舉例，某家早餐店 1 天賣 100 個漢堡，1 個漢堡 100 元，每月的營業收入就是 30 萬元（＝ 100 個 ×100 元 ×30 天）。

1 個漢堡裡面包含蛋、麵包、番茄、起司，購買這些食

材的單位成本是 40 元，1 個月的銷貨成本就是 12 萬元
（＝ 100 個 ×40 元 ×30 天）。毛利則是營收減掉成本
剩下的錢，因此早餐店賣漢堡的毛利為 18 萬元（＝ 30 萬
元 –12 萬元）。營業費用則包含房租、員工薪資、水電費
等，假設房租 2 萬元、員工薪資 3 萬元，那麼稅前淨利就
等於 13 萬元（＝ 18 萬元 –2 萬元 –3 萬元），稅後淨利
則等於 10 萬 4,000 元（＝ 13 萬元 –2 萬 6,000 元（營
利事業所得稅率 20%））。

我在研究綜合損益表時最重視的就是營業收入成長性、
是否有高毛利率、高營業利益率，以及稅後淨利的變化。
營業收入成長性要關注的是年增率的趨勢，而不是月增率
或季增率，因為必須跟同期比較，才不易受到淡旺季等季
節性因素的干擾；而毛利率是企業營運活動是否能夠獲利
的源頭，如果毛利率太低，企業就沒有足夠的錢支付經營、
管理及研發費用；營業利益則代表著扣除一切營運成本、
營業費用後，由本業帶來的利益。

而稅後淨利方面，如果有業外損益，且屬於一次性損益
（例如賣土地、處分資產），那麼應該將其剔除，才能還

表2	**餐飲業毛利率高但營業利益率低**					
	3檔餐飲股毛利率及營業利益率變化					
年度	王品（2727）		瓦城（2729）		美食-KY（2723）	
	毛利率	營業利益率	毛利率	營業利益率	毛利率	營業利益率
2015	49.06	4.25	51.53	9.42	56.65	8.21
2016	49.04	5.39	52.01	9.46	58.18	10.72
2017	49.59	6.43	53.32	9.68	59.33	12.31
2018	46.03	3.49	53.85	10.23	58.74	9.48
2019	44.45	3.72	53.00	9.69	59.66	7.37

註：單位為% 資料來源：公開資訊觀測站、XQ全球贏家

原長期淨利趨勢。

　　而當我們想要在不同產業間做取捨，或是已鎖定某產業，想要從該產業篩選出較好的標的，可以從毛利率及營業利益率看出端倪。舉例來說，王品（2727）及台積電分別是餐飲業及晶圓代工產業的代表企業，兩者的2019年毛利率分別為46.05%、44.45%，但王品的營業利益率只有3.72%，台積電卻有34.83%。

　　進一步看同產業的其他公司，可以發現同為餐飲業的美

表3 **台積電毛利率及營業利益率明顯高於聯電**

2檔半導體股毛利率及營業利益率變化

年度	台積電（2330）		聯電（2303）	
	毛利率	營業利益率	毛利率	營業利益率
2015	48.65	37.94	21.93	7.48
2016	50.09	39.87	20.54	4.19
2017	50.62	39.45	18.12	4.40
2018	48.28	37.19	15.10	3.83
2019	46.05	34.83	14.38	3.16

註：單位為%　　資料來源：公開資訊觀測站、XQ全球贏家

食-KY（2723）、瓦城（2729）也都有高毛利率、營業利益率偏低的狀況，可以知道餐飲業的人事管銷費用占比相當高（詳見表2）。

　那麼，是否代表晶圓代工產業都具備高毛利率、高營業利益率的優點呢？也不見得。以台積電的同業聯電（2303）來看，聯電2019年的毛利率僅14.38%、營業利益率更只有3.16%；相較之下，可以知道台積電身為世界晶圓代工霸主，能享有高本益比、高評價、長期受到法人喜愛的原因（詳見表3）。

資本額及籌資計畫》中小型股EPS成長性大

「資本額」就是公司的股本，中小型股的股本輕盈，獲利反映出來的成長率較高，比較適合主流產業、高成長的選股與操作方式，我平常也比較喜歡從中小型股中選股。

股本可解讀為參與分配淨利的人數多寡，由於中小型股的股本較小，EPS數字也較高。假設每股面額都是10元，同樣是每年稅後淨利達10億元的公司，A公司股本100億元，EPS就是1元、B公司股本10億元，EPS卻是10元，也就是賺了1個股本。事實上，大股本的公司，往往是企業營運週期處於成熟期，獲利相對穩定；除非是處在對的產業，否則獲利成長性沒有小股本公司快。

再從籌碼的角度看，股本小，代表在外流通的股票張數少，如有主力大戶買盤進駐，股價容易被拉抬，也比較有機會成為具有爆發性的主流飆股。

「籌資計畫」意味著有新訂單或要擴產，有些公司會因此辦理現金增資或發行可轉換公司債，這表示大股東對業

績有一定的掌握度，大多數時候這就是成為飆股的條件。

　　當然，投資人還要有經營階層的思維與高度，例如新蓋廠房需要時間，2018 年 12 月，砷化鎵晶圓代工廠宏捷科（8086）決定擴產 1 倍，是繼 2010 年以來，睽違 10 年來第一次擴產；2019 年 11 月，董事會決議辦理現金增資，這也是繼 2009 年以來首見，主要用途正是用於擴廠所需的「擴建無塵室與購置機器設備」。擴廠訊息當然透露出公司訂單狀況甚好，甚至也傳出訂單超好，所以公司不斷地加班、去瓶頸，以提升產能。事實上，擴廠的主因，當然是產業面的拐點出現。

　　穩懋（3105）一直以來是砷化鎵代工產業的龍頭廠商，宏捷科則緊追在後。過去因美國大廠思佳訊（Skyworks，美股代號：SWKS）自己有廠房，所以若是有多拿到的 PA（功率放大器）訂單，才交給宏捷科代工製造。然而，因為美中貿易戰，中國品牌大廠發現，不能再依靠美國廠商供貨，必須「自立自強」、「自主自控」，因此，台廠宏捷科的產業地位瞬間爆升，接單與營收因為產業的拐點浮現，隨著營收爆發，2019 年 6 月上旬到 11 月，股價從

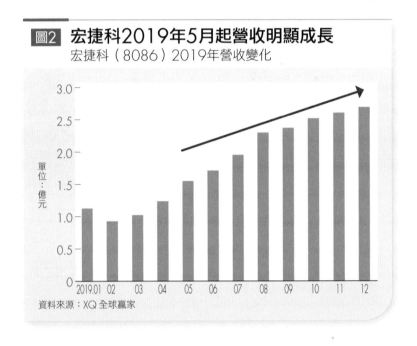

圖2 **宏捷科2019年5月起營收明顯成長**

宏捷科（8086）2019年營收變化

單位：億元

資料來源：XQ全球贏家

50元出頭暴漲到124.5元，大漲約140%（詳見圖2、圖3）。

　　投資人必須了解有因必有果，有籌資計畫、有擴廠，都是公司高層看到某些事情，接到某些訂單而做的決策。例如宏捷科的蓋廠訊息公布後，半年後廠房動工了，儘管還沒完工，但是卻可開始預期，新廠完工後即將貢獻營收，

圖3 宏捷科半年內股價大漲約140%

宏捷科（8086）日線圖

資料來源：XQ 全球贏家

這都是很好的觀察點。

另一個例子，健策在 2018 年發行可轉換公司債，為的
是在桃園市大園區擴建 IGBT（絕緣柵雙極電晶體，用於電
力設備的電能轉換與電路控制）及均熱片廠房，也是多年
未擴廠、供應緊俏。隨著營收、獲利大幅成長，加上市場
對健策擴廠後的期待，股價一路飆升，2018 年底股價僅

78 元，2019 年底股價已來到 234.5 元，1 年的時間足足翻漲了 2 倍。但是，如果是股本大的公司，若無法確保盈餘的高成長，那麼進行再增資，會稀釋 EPS；假使市場只會給該公司相同水準的本益比，反而可能使股價下滑。

商業模式》高知識型、技術含金量高為首選

我們在 2-4 了解產業特性時就已提到商業模式，此處再幫大家複習，所謂的商業模式就是要了解公司用何種方式或用何種途徑賺錢，以實現客戶價值極大化，也就是滿足客戶需求以達成營利目標的方式。例如鴻海（2317）旗下公司的主要商業模式是組裝電子產品；大立光是為品牌廠製造手機鏡頭；便利超商是提供零售服務；食物外送平台則是提供網路服務以媒合店家與消費者，並且提供外送員的勞務服務。

在商業模式上的選擇，我比較偏好高知識型，或是技術含金量比較高的，像是低勞力密集、低資本支出但是高知識技術的 IC 設計公司、軟體服務，例如原相（3227）、鈺象（3293）、騰訊（Tencent，港股代號：700）這類

公司；或是高技術門檻，例如生產大型資料中心伺服器用的浸泡式液冷系統大廠高力（8996）這類隱形冠軍。這樣的商業模式具有高附加價值，能夠享有較高的利潤。

競爭優勢與競爭者》須具備寡占或利基型優勢

最後，我會用經營策略大師麥可・波特（Michael Porter）提出的「五力分析」及「3個競爭策略」，來分析競爭者的關係與公司的優劣勢（詳見圖4）。

五力分析》

可全面性分析公司在市場上的競爭力，共包含5個層面：

1. **現有競爭者**：公司目前的競爭者多寡與競爭關係。若競爭激烈，公司是否容易被搶單？瓜分市場占有率？具有競爭優勢的公司，最好具有寡占或高市占率，抑或是走利基型市場較為理想。

2. **潛在競爭者**：產業的進入門檻高，例如具有高資本支出、高技術門檻，或有政策作為保護者，較不易有新進對

手進來瓜分市場。

3. 替代品：公司所生產的產品，對於客戶而言是否容易被取代？愈不易被取代，客戶就會有高忠誠度，地位也不易被動搖。

4. 供應商的議價能力：1家公司若面對多家同質性高的上游供應商，則供應商對該公司的議價能力較低；反之，若公司依賴特定供應商的產品，則該供應商對於這家公司有較高的議價能力，當供應商漲價，成本就會提高。

5. 客戶的議價能力：1家公司的客戶，為了節省成本，都會希望進行議價讓成本降低，這將使該公司的營收降低。不過，當公司產品對客戶具有愈高的不可取代性，或是客戶對該公司有很高的忠誠度，那麼下游客戶就會缺乏議價能力，使得公司的營收得以維持。

例如，信驊（5274）為遠端伺服器管理晶片（Baseboard Management Controller，BMC）的 IC 設計公司，BMC 用以控管遠端伺服器的溫度、濕度。從波特的五力分析來

圖4 用「五力分析」觀察公司競爭力
麥可‧波特「五力分析」

看，信驊的全球市占率約6成～7成（2018年信驊遠端伺服器管理晶片的全球市占率為64.86%），現有競爭者少。國內主要競爭對手為新唐（4919），也少有可替代產品，符合寡占條件，也因為技術門檻高，不易有潛在的新進競爭者進入市場。

因為單一訂單量夠大，易於向上游晶圓代工廠拿到晶片

產能；不過晶片代工屬於技術及資本密集產業，供應商不多，因此信驊與供應商須維持長期緊密的合作，對於供應商的議價能力應屬中等。而因為信驊具備自主研發能力，技術水準高，客戶對於信驊議價能力應不高。

3個競爭策略》

波特還提出，企業在訂定企業競爭策略時，有3種方向可選擇：1.成本領導策略、2.差異化策略、3.目標專注策略（詳見圖5）。也就是低成本、差異化，或者是專注在利基型市場。

例如個人電腦及筆記型電腦代工企業，還有拼銷售量的「毛三到四」（毛利率3%～4%）公司，就是屬於「成本領導策略」。我比較不偏好這類大量生產、標準化零件的規模經濟型企業，因為多半股本大、需要高資本支出，但股價又不易飆漲。

至於走「差異化策略」，例如有特殊設計或有完善售後服務的企業；或是選擇「目標專注策略」，也就是專精於有特定需求族群或地域的特殊利基市場，把企業資源侷限

圖5 目標專注策略即專精於特殊市場
麥可·波特「3個競爭策略」

在很小的天地中的這類企業，反而容易成為一方之霸。

　例如高力專注在板式熱交換器的沖壓，是熱處理產業的隱形冠軍，目前在冷氣壓縮機市占率高達 8 成；優群（3217）專精於 NB 記憶體連接器，市占率高達 4 成～5 成，是 NB 記憶體連接器龍頭廠商。2019 年，有幾家中國相關連接器廠商倒閉，僅剩下鴻海、嘉澤與優群，幾乎在記憶體相關的連接器產品市場裡形成寡占。

　目前記憶體主流規格為 DDR4（第 4 代雙倍資料率同步動態隨機存取記憶體），未來當主流規格轉到速度更快、

容量更高的 DDR5（第 5 代雙倍資料率同步動態隨機存取記憶體）時，將可望會有一波產業的變革與產品的升級。

實地演練基本分析七龍珠——以材料-KY為例

基本分析看起來步驟很多，但只要實地做過 1 次，就會對企業的概況，以及接下來的投資策略更加清晰。最後以我過去曾研究的材料-KY（4763）為例（財報數據截至 2018 年第 3 季），做 1 次完整的基本分析七龍珠步驟（以下僅為個股基本分析範例演練，並無個股推薦之意）。

1.材料-KY基本資料

①公司全名：「濟南大自然新材料股份有限公司」，全球第 5 大香菸濾嘴廠。

②生產產品：二醋酸纖維絲束（再生纖維，過濾性及吸附性佳）。

③產品應用：香菸濾嘴、醫療用紗布、血液透析（洗腎）、汙水過濾濾芯、面膜不織布、墨水筆芯、紙尿布吸水層等。

圖6 材料-KY主要產品為二醋酸纖維絲束

材料-KY（4763）產業供應鏈

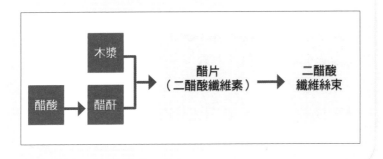

④產業供應鏈：醋酸→醋酐、木漿→醋片（二醋酸纖維素）
→二醋酸纖維絲束（詳見圖6）。

2.材料-KY「基本分析七龍珠」

①5項基本指標

❶新產品：2016年起轉投資中峰化學公司，生產二醋
酸纖維絲束的上游材料醋片。

❷新市場：2016年轉投資中峰化學公司的醋片產品可
用於眼鏡框架、髮夾、螺絲起子把手等，間接打入義大利

鏡框市場,增添營運新動能,2018 年起受惠於美中貿易戰轉單效益。

❸寡占:二醋酸纖維絲束在全球為寡占市場,全球市占率前 4 大公司占 98%,材料 -KY 約占 2%,市占率較低。

❹高成長:2015 年～ 2017 年,營收分別為 14 億 3,800 萬元、15 億 8,600 萬元、17 億 4,700 萬元。自 2015 年起,單季毛利率有下降趨勢,但也多能維持在 20% 以上,其中,2018 年第 2 季一度下降至 19.48%,不過,2018 年第 3 季毛利率又大幅回升至 26.79% 以上。

❺國際級大客戶:除了國內客戶台灣菸酒,也有國際級客戶如埃及 Eastern、巴拉圭的 Globalfilters 及 Tabacalera Hernandarias、越南 ZHONG DA XING、巴基斯坦 Star Filter、中國菸草總公司旗下的中菸國際等。

②本益比及本益成長比

本益比:截至 2018 年第 3 季,累計 4 季 EPS 為 4.89 元,而 2018 年 11 月中旬股價約為 120 元,本益比 24.5 倍。

本益成長比：預估未來 1 年～ 2 年可達約 40% 的獲利年成長率，本益成長比約為 0.6 倍（ = 24.5÷40）。

③成長動能

美中貿易戰將使中國醋片供給短少約 5 萬噸，可望有轉單效應。全球前 4 大二醋酸纖維絲束大廠的塞拉尼斯（Celanese，美股代號：CE）、蘇威（Solvay）兩大廠將做產業整併，預計 2018 年第 4 季將關閉墨西哥廠，預計市場將短少絲束 2 萬噸、醋片 5 萬 2,000 噸，產業供需吃緊。塞拉尼斯與羅迪亞（Rhodia）於 2018 年 9 月已對醋片、醋酸絲束漲價 15% ～ 20%，公司可望跟漲。

④營運狀況

法人預估 2019 年單季營業收入可望達到逾 3 成的年增率。上中下游垂直整合（醋片＋絲束），本業毛利率大幅提升；另外，因為最上游材料之一的醋酐跌價，2018 年第 3 季毛利率已跳升 7 個百分點，預估第 4 季還會再提升，並且預估 2019 年度可成長至 30% 以上。營業利益率從 2018 年上半年不到 10%，預估 2019 年度可接近 20%，將有利於獲利金額提升。

⑤資本額及籌資計畫

資本額（股本）於 2018 年第 3 季為 4 億 6,480 萬元，屬於股本小的公司。近期無籌資計畫，不過公司預計 2018 年 11 月 9 日至 2019 年 1 月 8 日以每股 100 元～160 元買回庫藏股 1,000 張，若公司確實執行，則有助於縮小在外流通股票張數，也會略微縮小股本。

⑥商業模式

材料 -KY 主要從事二醋酸纖維絲束的生產、銷售及研發，其產品近 9 成應用於香菸濾嘴，商業模式為寡占產業＋上下游整合。

根據材料 -KY 2018 年的年報資料，其公司為掌握上游原料，以利於垂直整合，2016 年與上游供應商魯南化工及下游祈耀公司，合資成立中峰化學有限公司，生產二醋酸纖維素（即生產二醋酸纖維絲束的原料），由材料 -KY 持股 80%，如此不僅能節省成本，縮短製程，更能夠增加集團營收。此外，也因為策略性參股供應給全球知名眼鏡製造商的義大利鏡框膠板商 LA/ES，使得材料 -KY 集團間接打入義大利眼鏡的鏡框供應鏈，為營收再添動能。

⑦競爭優勢與競爭者

◎麥可‧波特「五力分析」

❶現有競爭者：全球市占率前 2 大公司皆為美國企業，第 1 是塞拉尼斯占 39%、第 2 為伊士曼（Eastman，美股代號：EMN）占 30%、總部位於比利時的跨國公司蘇威占 15%、日本企業大賽璐（Daicel，日股代號：4202）占 14%，材料 -KY 占 2%，排名第 5。

❷潛在競爭者：二醋酸纖維絲束產業需要有一定的研發技術與專利，技術密集度高，且資本密集特性愈來愈明顯，產業進入障礙高，不易有潛在競爭者。

❸替代品：這幾年電子菸成為年輕人時尚的新選擇，使傳統的香菸市場面臨較大的挑戰，是讓材料股價比較不如預期的一個主因。有點類似台灣的高鐵出現之後，國內航線及客運公司的市場需求被高鐵取代。

❹供應商的議價能力：二醋酸纖維絲束的上游材料為醋片，在 2016 年材料 -KY 轉投資中峰化學之後，雖可掌握醋片原料來源，但醋片的原料為醋酐，醋酐報價漲跌對公

司的獲利有舉足輕重的影響。

❺客戶的議價能力：二醋酸纖維絲束廠的產能主要搭配香菸品牌客戶的需求，客戶具備一定的議價能力。

◎麥可‧波特「3個競爭策略」

材料-KY生產用於香菸濾嘴的二醋酸纖維絲束，為全球第5大香菸濾嘴廠，且常須配合客戶進行客製化生產，可知道公司是專注於「利基型市場策略」。

3-3 用「拜訪公司七龍珠」學會以法人角度研究公司

　「所有的工作都發生在準備，奇蹟才會發生在完成。」投資多年以來，我一直將這句話銘記在心。平常在拜訪公司時，我一定是「先有想法才有做法」，而不是公司想講什麼，或是別人問什麼，就被動的聽、被動接受訊息，這樣是無法得到關鍵重要訊息的。

　在拜訪公司之前，我一定會掌握7大面向，我稱之為「拜訪公司七龍珠」，其中包含：1. 產業特性、2. 競爭優勢、3. 營運狀況、4. 成本結構、5. 行銷與客戶分析、6. 生產狀況、7. 資本支出，其中又個別包含各自的細項（詳見圖1）。主要是提醒自己，一定要事先將這些資料準備齊全，而在準備的過程中，也能梳理出還有哪些資訊是我無法事先蒐集到的，就會在拜訪公司時設法向公司取得答案。以下簡單分享我的「拜訪公司七龍珠」內容，需要準備的資料及問題如下：

產業特性》深入了解產業鏈供需狀況

主要必須了解產業內的供需狀況、產業特有的性質、競爭關係及供應商狀況等。例如，產業內有哪幾家競爭者獨大？是否有競爭對手正在整併中的情況？如果有，則需了解整併之後的合作方式與市占率變化。

如果所拜訪的產業，與景氣波動息息相關，面對景氣變化對產業可能造成的衝擊，公司有哪些因應之道等，最好盡可能有所了解。

競爭優勢》兼具行銷與生產優勢為佳

資本市場是個吃人的市場，商場就是戰場，大家出來做生意不是做公益。倘若1家公司競爭優勢不明顯，那麼極有可能就是平庸的公司；做的產品或提供的服務一般般，那麼股價也許就是一般般。金融市場與投資市場，就是這麼的殘酷。

所以拜訪公司前後，準備資料時，甚至參加法說會的時

圖1　拜訪公司時，務必掌握7大面向

拜訪公司七龍珠

候，就可以光明正大地詢問公司，如何定義公司自己的核心價值？以及競爭優勢？這也是投資人必須了解與清楚的重要問題。

在了解1家公司的競爭優勢時，可以分為「行銷」與「生

產」2方面。與行銷相關的競爭優勢包括：是否有利基型大客戶（尤其是國際級大廠）？自有品牌能見度、是否有新產品？未來是否有開拓新市場的發展空間？

例如蘋果（Apple，美股代號：AAPL）的行銷能力，把電子產品當作精品來賣，產品的價格、毛利，就相對的優於其他手機廠商；再以台灣自有品牌記憶體廠商──宇瞻（8271）與十銓（4967）來說，宇瞻在行銷方面，主打Apple雙用接頭隨身碟，還有工控與車用市場等。而十銓則在電競方面使力，十銓的「T-FORCE」系列電競記憶體，利用光學反射與穿透導光原理，讓整支模組透過鏡面製程設計使發光面積最大化，並讓底部的燈光直接透出，呈現反射光學的層次美感，還獲得德國紅點設計大獎，這就是行銷方面的競爭優勢，各自展現在不同市場的表現。

與生產相關的競爭優勢，則包括「關鍵技術」、「關鍵原料」，以及「品質、彈性或交貨速度符合客戶需求」、「產線自動化」等方面。

例如在產線自動化方面，連接器廠商優群（3217）就是

個很有代表性的例子。根據優群官網資料，公司在 1987
年成立，起初就以自動化機械設備研發及生產為主要業
務。隨著市場變化，公司不斷投入研發、軟硬體資料，持
續開發新產品，跨入外接多媒體儲存裝置產業。2009 年、
2012 年，優群陸續購併連接器廠良澤公司、網通連接器
廠順連電子，結合良澤於中國廠的先進自動化製程，成功
轉型為專業連接器製造廠。

目前優群以自有品牌「ARGOSY」行銷全球，主要產品
為筆電連接器，2019 年產品比重以 DDR SO-DIMM（筆
電用記憶體插槽）占約 45% 居冠，其次為 M.2 插槽（主
要用於筆電固態硬碟插槽）占 35% 居次。

連接器人人會做，但優群的競爭優勢來源，我認為主要
是來自清華大學大動力機械系畢業、工研院出身的董事長
王朝樑及清華大學電機研究所王俊基董事、兼具成功大學
物理學系與政治大學 EMBA 雙領域的總經理劉興義。王董
事長在工研院時期就擅長自動化領域，因此把自動化導入
優群。近年因自動化製程的發展，讓優群的其他產品線如
DDR Long-DIMM（PC 用記憶體插槽）成為營收成長來源。

這也是我在挑選公司時的小訣竅,留意經營層是否務實,是否具有技術背景、技術實力、管理能力甚至人品等,經常是1家公司能否發展良好的重要關鍵。

營運狀況》確認影響營收的根本原因

主要就是從財務報表的綜合損益表(包括營業收入、營業毛利、營業費用、營業外利益及損失,轉投資認列的投資收益等),了解1家公司的營收變化與獲利結構。正常狀況下,營收愈高,稅後淨利理應也愈高,而每月公布一次的營收,又是投資人能最快看到的基本面數據,因此營收變化是了解1家公司營運狀況時,要最先留意的重點。

穩健成長的公司,每月營收大多會與去年同期持平或小幅增長;若營收大增,且排除是季節性因素時,就可以向公司了解其中的原因,通常會是因為切入了新產品,或是客戶下了大筆訂單,或是擴增產能所致。此時還必須向公司確認,這樣的營收增長是否有持續性、能夠持續多久。

要知道的是,由於財報需要等每季結束後才會公布,當

公司營收大增,股價往往能夠受到激勵;但是有時候財報顯示的稅後盈餘,卻不見得有大幅度的增長,原因通常會與成本、費用、業外損益等有關。若要明確了解其中的原因,也得在拜訪公司時問個仔細。

成本結構》特別留意「營業成本」

在公司的獲利結構當中,我會將「營業成本」特別拉出來研究。由於營業收入減去營業成本後即為毛利,一旦營業成本大幅提高,將會直接衝擊到毛利,進而影響營業利益與稅後淨利。

因此,要評估1家公司的毛利是否穩定,就要留意這家公司的成本結構,可分為2大面向:

1.主要原料

分析成本時,原料、人工、製造費用的比重十分重要,例如豬排的食材原料比重可能有50%,混凝土的原料水泥比重可能就高達80%。初步了解1家公司成本當中的料、工、費比重,是法人在法說會上面常常問到的問題。

2.來源

留意主要原料的報價變化,當原料報價上漲,公司營業成本提高,就會影響公司毛利;反之,原料報價下跌則有利於公司的毛利提升。同時也要了解公司的原料來源是否穩定,若逢產業旺季,主要供應商產能不足,也需要向公司了解是否能從次要供應商取得產能等。

另外,若原料是來自海外,那麼匯率變化也會對原料進口價格有直接影響,可了解公司是否有利用金融工具減少匯率損失的因應措施。

行銷與客戶分析》主要客戶與出貨須具成長性

分為「主要客戶」及「出貨」等 2 大面向:

1.主要客戶

須了解主要客戶的未來成長性,以及是否有潛在客戶,以了解公司是否處在未來趨勢上。若主要客戶具備高成長性,且與客戶關係穩定,可預期公司的前景明朗;若能有可發展的潛在客戶,則更能對這家公司保持樂觀。

2.出貨

確認公司的訂單能見度及製造時程，如此可以較容易估算營收狀況。

生產狀況》產能滿載代表業績暢旺

關於公司生產的「產品」可留意 4 個重點：

1. 不同產品占整體營收比重。

2. 產品售價與市場均價的關係。若產品售價高於市場均價，代表公司產品受市場認同度高。

3. 不同產品的毛利率高低。例如，高毛利率產品占比提升，則能有效改善公司獲利結構。以生產微結構導光板的廠商茂林-KY（4935）為例，產品有穿戴式裝置、有大面板與筆電的導光板，也有鍵盤的導光板。而 2019 年股價飆漲的原因，則在於有可能切入蘋果筆電供應鏈的鍵盤改款與導光板新產品。新產品自然因為新的設計而產生較高的毛利率，並受到市場注目，估計公司營收獲利的時候，

就要著重於蘋果筆電的出貨量、改款的滲透率，茂林-KY 拿到多少訂單，貢獻營收獲利多少等。

4. 公司產品是以內銷或外銷為主。若大部分產品都是內銷，則公司市場僅限於內需市場；若有外銷至歐美等其他國家，則代表公司做的是世界級的生意。

「產能」則要看現階段的產能利用率（實際產能占總產能的比率），若公司產能持續滿載，可解讀為公司業績續旺。若產能利用率不高，也可以了解其原因，是產品停產、客戶抽單而導致產能閒置，或者是因為有其他計畫影響。

除了要了解目前產能狀況，也可以向公司詢問未來是否有規畫擴充產能等目標，畢竟若公司接到大筆訂單時，產能卻有限，也無法有效衝高營收。

資本支出》追蹤產能擴充進度

資本支出指的是公司是有計畫投入資金於固定資產，例如購置土地、廠房或添購新設備以增加產能。當公司將有

資本支出，可掌握 2 個要點：

1.籌資計畫

　若公司並不打算使用現金購置，那麼勢必要進行籌資，例如現金增資、發行公司債等，此時便可向公司了解籌資金額及股本增加的比率。

2.產能擴充

　公司投資於資本支出無非是要讓產能擴大，以獲得未來的營收與獲利增長。通常公司會有明確的產能擴充時間表，拜訪公司時便可詢問公司目前的進度是否符合預期、超前或落後，藉此評估新產能何時可開始貢獻營收。

　若擔心漏掉哪個面向，我會搭配使用心智圖（Mind Maps）做更仔細的規畫（詳見圖 2），提醒自己需要留意哪些重點。

　以上這些資料的來源，多半可從公司的財務報表、一年一度的股東會年報，以及各家法人研究報告中蒐集。財報當中的相關數據，從看盤軟體、各大免費股市資訊網站，

或是公開資訊觀測站都能找到完整的資料。

　　不過蒐集資料的重點，不是將所有的資料都囫圇吞棗卻無法消化，必須是用上述「拜訪公司七龍珠」的各大構面去分類、思考、做筆記，如此一來就能很快留意到每家公司的不同特長，以及公司真正具備的核心競爭力，這也正是我過去累積投資實力並內化的練習過程。

　　比如說，代工組裝業或餐飲業都屬於勞力密集產業，相對來說，就不用著墨在研發方面的成果；重視研發的公司，例如 IC 設計業，或是軟體研發等產業，就不用著重其工廠管理能力。

　　拜訪公司時可能會面對不同職務者，例如對於財務人員和業務人員，能給你的答案完全不同，要是放錯重點，可就沒有收穫了。雖然「拜訪公司七龍珠」內容看起來很多，其實也多半都是 3-1、3-2 所提到的重點，而且有時候光是其中一個面向的思考，就可以很快判定公司策略優劣勢。

　　例如以「競爭優勢」來看過往的 3C 霸主燦坤（2430），

圖2 使用心智圖快速羅列出事先準備的重點

拜訪公司前製作心智圖範例

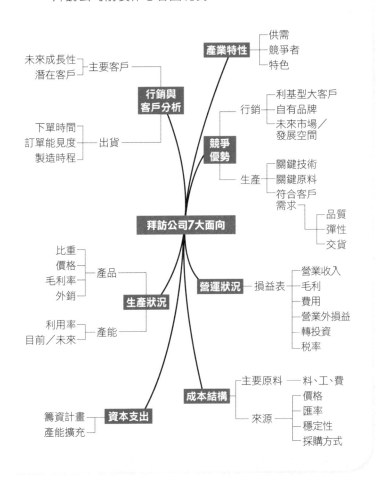

其所擅長的是零售通路，2015 年時面對電商競爭時沒有強化競爭力，反而轉型到餐飲業多角經營，經營多種品牌料理，包括火鍋、牛排、甜點、日式料理、義大利麵等。

雖然通路及餐飲都是 B2C（Business-to-Consumer，指公司直接面對消費者的營運模式），但是細節的管理仍有很大的不同。2019 年底時，該公司的總經理、副總暨發言人、董事長、財務長在 1 個月內陸續請辭，高層上演空城計，燦坤的經營問題也就反映在財報獲利數據的衰退上，股價也是一蹶不振。

由此可見，當本業競爭優勢沒有強化時，新的轉型事業除非有能人高手協助、集團也能傾資源相助，否則失敗收場的可能性相當高。就像擅長勞力密集代工事業的鴻海（2317），也曾跨足實體商城賽博數碼，結果亦是結束營運關門大吉。

另外，在準備資料之後，一開始可能太多還無法消化，我會用幾個問題進行反思，可以幫助自己整理關鍵重點，舉例如下：

1. 這家公司在做什麼？提供給客戶什麼產品或服務？專長是什麼？

2. 公司未來 2 年～ 3 年會變成何種面貌？

3. 公司有哪些層面是可以改善或準備要提升的？

4. 追蹤公司近 1 年及近 3 年業績表現，是否與當時公司所承諾的或研究報告預測相同？若沒有，原因是什麼？那個原因如今還存在嗎？

這些問題都可以用連續疑問法來自我追問，例如經營 85 度 C 的美食 -KY（2723）現在所面臨的最重要問題是什麼？如果最重要的問題是要改善營業費用，那麼中國市場的費用如何持續改善？如果可透過租金下滑來改善降低費用，那麼租金市場走低會延續多久？

觀察近10年～20年資訊，掌握公司發展脈絡

最後，若想全盤掌握 1 家公司發展的脈絡，可留意公司

最近 10 年～ 20 年的發展歷史,這可以從閱讀公司成立至今的年報、海外公司年報、公司在影音平台 YouTube 的相關影片、曾被報導的期刊雜誌、曾研究該公司營運的論文、公司經營者傳記等,更進一步對企業文化及發展有更清晰的了解。

在我的回憶當中,一般菜鳥研究員會將訪談重點放在營收、毛利、費用、稅率等細節,只為了交差了事。但是有遠見的資深研究員,聊的是產業方向、公司的競爭優勢、競爭策略與成長動能等格局較大的問題。

再來,更高端的研究員或經理人,與公司的互動就不僅是訪談而已,而是進階到訊息的交換,甚至是策略的提供。根據我過去擔任研究員與經理人的經驗,通常人們對於事不關己的事情都比較能評論;因此,我在拜訪公司時也會使用這種方式,也就是以該公司競爭者,或是上游供應商的訊息,來跟公司窗口討論,有時候反而能交叉比對公司透露的訊息,進一步確認自己的判斷。

例如,拜訪記憶體廠旺宏(2337)時,一般研究員問

的是記憶體報價走勢、明年第 1 季營收等問題,但是一些資深研究員,則會提供中國同業兆易創新(陸股代號:603986)投片良率低、中芯國際產能是否能夠供應等最新狀況,或者是同業的產品認證已通過進入生產的進度……等,因而能跟旺宏高階主管做進一步與經營、策略等相關的產業資訊交流。

以研究員而言,這樣的資訊交換不只展現出專業度,還可以把觀察產業的制高點拉高;當然,也能因此提升自己在所有法人當中的能見度,更容易加深公司發言人的印象,甚至能因此建立公司派高層的人脈。若與公司財務長、董事長或總經理,進一步成為無話不談的朋友,往後得到的訊息就更不同於一般法人或研究員。

儘管一般散戶很難做到這種程度,不過還是可以利用「拜訪公司七龍珠」,按圖索驥抓出關鍵重點。這樣在研究 1 家公司時,所看到的就不再只是數據的變動,而是能用法人的角度去思考,並且真正掌握到公司及產業的趨勢、題材、前景,不再被市場上各種雜亂的訊息所迷惑。

3-4 積極參與法說會、股東會 蒐集完整產業情報

傳奇基金經理人彼得‧林區（Peter Lynch）說過：「如果你問了夠多的問題，你就會知道你原本不知道的事。」這也正是法人圈研究員與基金經理人基本訓練與拜訪公司的要領。

身為研究員，在做完書面資料的整理後（包括公司網站、產品、財報、經營階層、年報、同業報告、該公司相關的雜誌專訪、供應鏈、產品別等功課都要先做），接下來最重要的任務，就是親自拜訪公司或參加法說會，問出「對的問題」，拿到第一手資料，確認公司是否能成為未來的飆股。

如今證交所、櫃買中心都規定公司須舉辦法說會或業績發表會，有興趣的人都可以參加。而且現在的參與方式，不再只有親臨現場，還可以透過線上直播觀看，讓所有投

資人只要使用電腦或手機就能參與。如果錯過直播，也能查看影音紀錄，資訊非常透明（詳見圖解教學❶～❸）。

就算沒有時間參加公司法説會或股東會，也可以直接打電話問發言人，甚至約訪公司。據我所知，有些普通的投資人，即使非屬身家上億元的大戶等級，也會直接打電話給發言人，並且積極參加公司的股東會、法説會，由投資人自己與公司做直接的接觸。

我很推薦一般投資人觀看公司線上法説會的影音檔，通常最後會有 Q&A 時間，可以聽到記者或參與的法人提問，公司方面也會盡可能做出詳細的解答，基本上，已經可以幫助你解答 7 成～ 8 成的疑惑。其餘的疑問，可再另外打電話給發言人或 IR（Investor Relations，投資人關係）部門，通常可以解決你大部分的問題，得到想要的答案，包含公司未來展望、成長動能等。

若持有該公司股票，務必參與股東會

已經持有該公司股票者，當公司召開股東會，若有機會

最好能夠參加,這是小股東能夠近距離面對公司管理階層的最好機會,也是身為股東的基本權益。

有些小股東喜歡在股東會上要求公司多配一些股利、埋怨股東會紀念品不夠好,這些其實沒有多大的意義。當你真心要了解 1 家公司的發展,就會想要詢問更核心、跟公司營運有關的關鍵問題。如此一來,出席股東會的管理階層、發言人,想必也會對你印象深刻,你甚至能趁此機會建立起人脈,未來對公司若有疑問,也能透過這項人脈快速獲得解答。

善用3個訪談訣竅,獲得有用情報

一般散戶可能會想:「公司發言人會想理會我這種小人物嗎?」我常說散戶要跟法人一樣思考,掌握法人的思考邏輯,因此提問之前,當然要做好功課,掌握法人問話的技巧,盡可能得到你想要的答案。可留意 3 個訪談訣竅:

訣竅1》從大方向切入

公司發言人通常會兼任公司其他職務,工作繁忙,如果

問的都是雞毛蒜皮的小問題，也難保對方不會敷衍了事。時間寶貴，要讓對方感到你的問題是有價值的、是真誠想要理解公司的發展。

因此我會建議，要先將問題擬定完成，從大方向切入。例如「公司去年曾訂定某個營運目標，但是目前並未達到，想知道主要原因是什麼？」或是「公司開發了新的市場，且該市場獲利成長動能強勁，想知道公司是否有計畫再擴大該市場的貢獻比重？」……等。

如果對方回答的不清楚，可再進一步追問細節。讓發言人了解你有認真了解公司，並且是真心想了解公司所面對的問題，如此就容易相談甚歡。也建議，最好不要一接通電話，就劈頭問公司對下個月營收的預期、下一季獲利數字的預估、最近接了多少訂單等問題，這種問題有可能會引來對方反感，通常得到的答案也就是官方的回答，例如「按金管會規定，本公司不做財務預估與財測。」

訣竅2》雪中送炭勝過錦上添花

公司的股價已經明顯發動，成為市場人人追逐的熱門股

時,公司發言人每天肯定有接不完的電話,對於一般投資人的來電,恐怕也不會有太多的耐心。

如果你想要獲得比較深入的回答,不妨選擇你已有研究,但是股價還沒明確發動的公司。當你對產業鏈研究得愈深、事前研究的資訊愈多,就愈有機會問對關鍵的問題。

這時候,因為市場上還沒有太多人注意到這家公司,討論度也不高,發言人也會比較有時間耐心回答,對於你所問到的關鍵問題,也更有機會取得領先的資訊,甚至取得提前進場布局的先機。其實這種狀況就是所謂的「錦上添花者多,雪中送炭者少」。

2010 年～ 2012 年時,我曾不遠千里地到南投的南崗工業區,拜訪過 1 家公司。當時其他的研究員,其實比較喜歡北部跟新竹跑,一來可以早點下班,二來平常研究的公司也夠多了,很少人會想要特地到中南部拜訪。

這家公司就是鉛酸電池製造大廠廣隆(1537),除了每半年或一季去拜訪一次,我每個月也會向公司詢問營收展

望，頻繁的往來，讓我與當時的發言人劉經理建立起深厚的友情。一來，因為當時願意遠道而訪的人不多；二來，公司無人聞問，是名副其實的「冷門股」，沒有多少投資人或法人願意多了解。而我當時因為時常拜訪，也多次在廣隆的研究報告當中提出買進建議。

好公司是不會寂寞的，就像是正義儘管遲來，但它終究會來。廣隆在 2012 年的每股盈餘（EPS）是 7 元，2019 年已成長到 12 元以上，股價也從 2012 年初大約 40 元，於 2019 年漲到 160 元以上（詳見圖 1、圖 2）。

如今，公司知名度已經打開，參與法說會、拜訪公司的人當然也就多了。拜訪公司，有時候跟做人一樣，雪中送炭比錦上添花來得重要。

訣竅3》留到最後一刻再離開

不管是實際參加股東會或法說會，如果時間允許，不妨等到最後一刻再離開。活動結束時，參加者已經散去，記者也離開了，是公司管理階層、發言人心情最放鬆的時刻。而有少數與公司關係較熟稔的投資人或法人研究員，會在

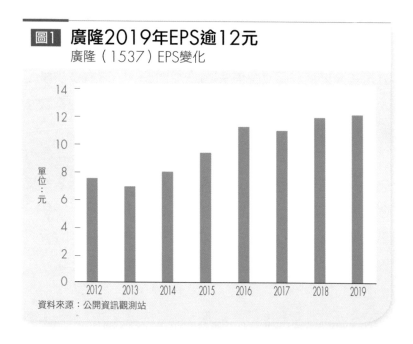

圖1 廣隆2019年EPS逾12元
廣隆（1537）EPS變化

資料來源：公開資訊觀測站

此時進一步「閒聊」，就算你在一旁靜靜地聽，也有可能聽到一些比較敏感的話題。

現場參加股東會或法說會，若能夠專心聽公司的報告，並且吸收其他人的提問，有系統地做好整理，就有能力舉一反三，追問公司沒有提到的細節，甚至能掌握到公司的其他優勢。

圖2 廣隆2019年股價逾160元
廣隆（1537）月線圖

資料來源：XQ全球贏家

　　例如2017年7月底，我參加了一場MCU（微控制器）晶片廠新唐（4919）在台北市六福皇宮飯店舉辦的法說會。會後，有一位投信經理人，因為長期追蹤新唐，因此問到公司的6吋晶圓廠狀況；公司這才提到，賠錢多年的6吋晶圓廠，虧損可能會減少，甚至損益兩平，另外還轉型切入新的高壓產品。法說會當時新唐的股價大約57元，3個月後，受惠於投信與主力買盤進駐，股價最高漲

到 84.7 元。

由於法說會時間有限，在正式發表時，公司隱惡揚善，或是時間不足而來不及報告很多事情都是正常的。唯有留到最後，堅持到最後一刻，往往會有意想不到的結果。

運用3個訪談技巧，旁敲側擊獲得答案

前文有提到，如果單刀直入問公司下個月的營收、下一季的獲利數字，通常得不到答案。因為公司要做出財務預測，有一套縝密的流程，若公司並未做出正式財務預測，自然不會給予正面回答。但是，又很想知道公司未來業績方向該怎麼辦？分享我常用的 3 個技巧：

技巧1》左曲右迴法

用旁敲側擊的方式帶出問題。例如想知道尚未公布的營收，可詢問：「這個月營收會不會比上個月高？」或是「上半年及下半年營收比會是 4：6 嗎？」、「這一季毛利率是介於去年第 3 季、第 4 季中間嗎？還是更好？」、「對未來的訂單是樂觀或審慎樂觀，還是樂觀中帶有一點謹慎？」

技巧2》同行比較法

從同業表現切入問題。例如「聽說貴公司同業○○公司下一季營收會成長 3 成，同樣是相同產業，你們的成長幅度會跟它們相同嗎？或是會比它們更高？」或是「聽說貴公司的下游○○公司，下個月營收會成長 2 成，你們的成長幅度應該不會比 2 成低吧？」

技巧3》排除法

福爾摩斯（Sherlock Holmes）曾說：「排除所有的不可能，就是可能！」用不同的方式詢問同 1 個主題，如果得到的答案都是「不」，愈有可能得到接近真實的答案。

跟大家分享完拜訪公司的方法後，還有 1 個不傳之祕，這是一門長遠的功課。那就是人脈的培養，以及判斷市場主流產業時，如何感受其市場氛圍。

設法培養人脈，取得最有效的資訊交換

人脈的培養，在任何職場都是必學、必經的過程。倘若跟你說，我對於每個產業都精通，那麼你大可以認為我若

不是天才，大概就是騙子。

樣樣通，當然樣樣鬆。儘管我擔任研究員與基金經理人10多年，拜訪過超過千家公司，輪流研究過許多產業，但還是有很多次產業，需要跟專家學習。例如生技產業有許多新療法、新藥物，若非生技本科系出身，就需要深度浸淫在專業知識領域當中才能一窺堂奧。

雖然多數投資人都不是專業人士，但也千萬別氣餒，沒有養牛也能吃牛排，後院沒有雞照樣吃雞蛋。你可以在每次拜訪生技公司的時候留意誰是專家？會後跟他交換名片。

在台灣投資界，每個產業都會有意見領袖（Key Opinion Leader，KOL）。能成為意見領袖，代表他在特定專業領域、各種議題群眾中，是有發言權及強大影響力的人。他們憑著深厚的專業底子與功力，擁有獨到的意見及研究心得，不僅受到業內人士的認同及尊重，也足以推動或改變其他法人的決定，深具說服力。業界知名的意見領袖如「蘋果王子」郭明錤先生、「生技王子」張○群先生、「PCB女王」廖○婷女士……等。

我喜歡認識新朋友，結交善良的公司派與同業，真誠地交朋友，用自己最真誠的心、最乾淨的 1 張名片、最精華的股票訊息與研究，來交換對方的資訊與友誼。也許哪一天，他研究的產業冷灶發爐了，只要 1 通電話，幾句簡單的問候，就可以得到你要的所有答案跟方向，事半功倍。

當然，這種正循環與資訊交換，取決於本身的人格特質（例如幽默、禮貌、大方）及知識內涵，也有些人不適合深交，例如高傲自大的同業，或是目光短淺、不想深入研究的短線客。但無妨，在投資的路上，總會有三五好友能與你志同道合，除了能與不同公司建立人脈外，也會遇見各種投資人與同業，這也是拜訪公司讓生活豐富，生命精彩迷人的地方。轉角，也許「踏到賽」（台語，意指踩到屎），也許，遇見愛！

主流產業需要市場認同，並確切感受市場氛圍

還有一點也很重要，所謂的「主流產業」，是代表這個產業趨勢能受到市場投資人的認同。投資大眾的心理是需要掌握的，這時候，就需要懂得如何感受市場氛圍。

也就是說，當你發現 1 個好的產業趨勢、1 家好公司，倘若只有你自己看好，卻在市場上無法形成主流，就會淪於孤芳自賞。此時該不該投資這家公司呢？不是不行，不過在買進之後，等待與醞釀的時間可能會很久，有可能等個大半年都看不到股價明顯上漲。

主流趨勢在股市上要發酵，當然要有大資金進來，包括外資、壽險、投信、主力大戶等。因此，當我們深入研究產業鏈，深思熟慮研究資料、參加法說會聆聽公司訊息與展望後，還要去感受市場的氛圍。

例如，與同行的研究員、經理人，聊一聊感受與想法，探知他們對於這公司與產業興不興奮？2019 年中，我曾拜訪散熱模組與零組件相關公司，包括雙鴻（3324）、泰碩（3338）、超眾（6230）。當時這幾家公司的法說會現場，幾乎跟擠沙丁魚一般，問問題的法人，好似哈日族看見傑尼斯、哈韓族看見孔劉一般瘋狂！大家對於中國 5G（第 5 代行動通訊技術）基地台布建相關的散熱模組興趣盎然，對於應用於電競手機或未來 5G 手機的 VC（Vapor Chamber，常譯為熱導板或均溫板）引頸企盼。能夠感受

到這種氛圍，也是判斷產業趨勢的一種功課。

　　現今資訊發達、管道眾多，不管是雜誌報導、網路財經資訊、社群媒體、財經 App……等，市場上關於投資的資訊，簡直是爆炸性的海量。投資人要蒐集資訊已經不成問題，但這些終究都是別人過濾過的訊息，都是「別人想要告訴你的訊息」，屬於次級資料的分析，當然就有真有假、有虛有實。

　　真正的投資方向與辨證，決勝點往往在於第一手的初級資料，也就是靠自己努力拜訪與獨立思考而得，經過公司窗口，發問、對答、挖掘、思考與判斷而得。掌握對的趨勢、取得投資先機的祕訣，往往盡在於此。

圖解教學❶ **查詢法說會日期與影音連結**

STEP 1

進入公開資訊觀測站（mops.twse.com.tw）首頁，點選左上角❶「常用報表」，再點選❷「法人說明會一覽表」。

進入法人說明會一覽表頁面，此處以❶查詢「上市公司」、「109」年度、「4」月份所舉辦的法說會為例，即會顯示❷「公司代號」、「公司名稱」、「召開法人說明會日期」等資訊。若該公司有開放線上同步收看，可於❸「影音連結資訊（國內自辦應揭露，受邀參加可自願揭露）」欄位看到連結網址，當日也通常可看到公司發布的簡報檔案。

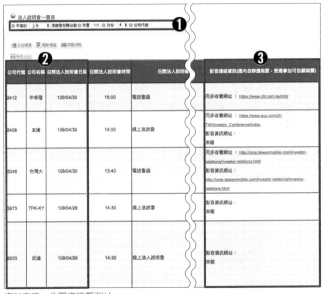

資料來源：公開資訊觀測站

圖解教學❷ 觀看上市公司法説會影片

進入台灣證券交易所影音傳播網（webpro.twse.com.tw/
webportal/vod/101/），點選左方❶「法人説明會」，
即可看到❷最新法説會影片列表。亦可於❸關鍵字搜尋欄
位，輸入公司名稱或股號，點選❹搜尋符號，查詢是否有相
關影音檔案。

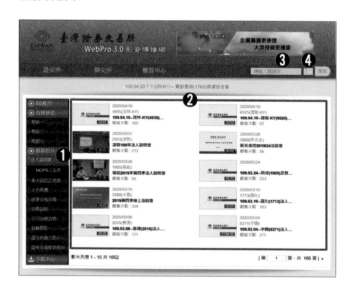

圖解教學❸ 觀看上櫃及興櫃公司法説會影片

STEP 1

進入證券櫃檯買賣中心（www.tpex.org.tw）首頁，點選右方❶「櫃買影音」。

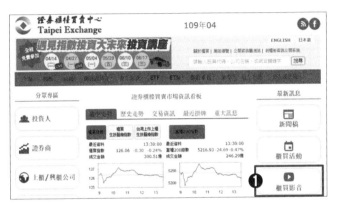

STEP 2

接著會看到❶近期已發表的法説會或業績發表會列表，點選右方❷「連結」，即可觀看影片。

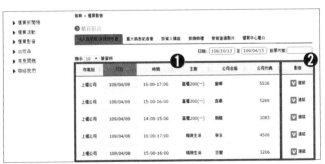

資料來源：證券櫃檯買賣中心

第4章
交易策略——
看對、壓大、抱長

4-1 籌碼分析2重點 解讀法人及大戶動向

當我們找到有成長性的產業，從供應鏈當中尋覓到屬意的公司，並且研究其基本面之後，大概就能列出一些觀察名單，此時又該從何買起呢？

很多投資人都知道，籌碼指的就是 1 家公司在市面上流通的股票，當有法人大量買進，就容易創造熱絡的買氣，將股價往上推升；沒有法人或主力大戶著墨的股票，股價不容易有明確的發動力道。因此，許多人都喜歡觀察籌碼面，企圖搭上法人和主力大戶的順風車。不過，盯著籌碼面進出場，真的能夠嘗到甜頭嗎？

先講一個價值 300 萬元的小故事。在我開始研究籌碼的過程中，我嘗試著將籌碼分析加入我的投資系統。有一個方法是研究「券商分點」，也就是查看券商在不同據點的買賣超張數。

當時我發現了 1 檔年度每股盈餘（EPS）有可能 3 元，但股價才個位數的股票。拜訪過後，我認為「十拿九穩八勝算」，進場後，股價果然大漲，未實現獲利一度達到 300 萬元。

而在股價漲到高點時，我特地查了「券商分點」籌碼，發現「國票長城」是最大主力持股券商。由於那個分點一直都沒賣股票，看起來主力還沒跑，照理來說，股價應該還會繼續上漲，所以我的持股也完全沒動。沒想到，過沒幾天，股價竟然走跌，而跌的過程當中也會反彈，又讓我產生一絲希望，然而，事與願違，股價跌破季線時也沒有嚴守紀律停損。心想，之前賺這麼多，反彈再賣好了，而且主力券商屹立不搖沒賣，讓我失了戒心。最後，一路崩跌回原點，結果一毛都沒賺到。後來主力把股票匯撥走了，分點查不到了。

這個小故事能給我們什麼啟示？難道籌碼分析沒有效嗎？我想告訴大家的是，籌碼分析必須要用對方法，並且從多個角度切入，才能成為一個有效的評估策略，可把握以下 2 重點：

重點1》資訊引領資金，籌碼會追逐題材

籌碼分析是用來輔助題材及公司，但不是股價驅動的根本，若只是死盯著籌碼，不一定能占得投資優勢。況且，散戶其實很難真正判斷法人的真正想法，只盯著單一指標，容易被反將一軍。使用籌碼分析時，應該建立一個重要觀念——「資訊引領資金」，當有對的故事、對的產業、對的公司，就會有錢進來買，這就是籌碼跟隨。

就像是美國電動車大廠特斯拉（Tesla，美股代號：TSLA），從 2019 年 10 月開始飆漲，10 月 23 日收盤價僅 254.68 美元，到了 2020 年 2 月 4 日，竟然飆漲到最高價 968.9899 美元，漲幅高達 280%！可是特斯拉2019 年度其實還在虧損，而且過往的獲利能力一點也不穩定，到底憑什麼大漲？答案就是「對的題材」。

近年來，環保意識愈發高漲，汽柴油車會造成空氣汙染，使電動車理所當然成為最佳的替代選擇。而特斯拉又是電動車產業的領頭羊，一直是市場上備受矚目的標的。儘管2019 年上半年都是大幅虧損，導致股價大跌，不過隨著

特斯拉的新廠完工並開始投產，交車數據亮眼，2019 年第 3 季更轉虧為盈，優於市場預期，又再度吸引資金回流。

再以台股為例，中國自 2015 年前就積極規畫並投入 5G（第 5 代行動通訊技術）基礎建設。根據 2018 年 6 月《數位時代》的報導，中國電信公司——中國移動在 2018 年 2 月就發表了對於 5G 發展進程的規畫，預計在 2019 年預備、並計畫於 2020 年正式商用。

2018 年第 4 季，就傳出散熱模組廠泰碩（3338）打入中國大廠中興通訊（陸股代號：000063、港股代號：763）基地台供應鏈。雖然才剛開始出貨，且占營收比重仍低，卻已吸引資金湧入。2018 年 11 月底泰碩收盤價 21.2 元，此後開始一路飆漲。2019 年上半年泰碩 EPS 僅 1.31 元，股價卻在 2019 年 8 月底最高漲至 106 元，漲幅高達 400%，股價明顯領先反映（詳見圖 1）。

重點2》籌碼決定股票上漲的速度

我的核心投資邏輯是「全球視野、產業深耕、獲利為王」，

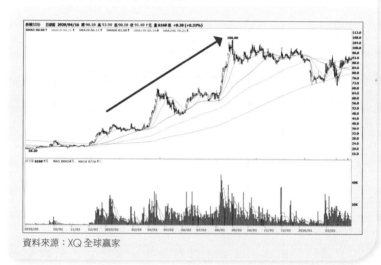

圖1　泰碩2019年上半年股價開始起漲

泰碩（3338）日線圖

資料來源：XQ全球贏家

　　尋找具備產業趨勢的高成長公司，注重的是股市背後的故事及題材。而當題材與該類股族群、連同籌碼、技術線型都有全面性的了解，投資決策上才能更加靈活及穩健，不至於買太貴或賣太晚。如果倒果為因，只追著籌碼跑，很難壓大、抱長，獲得高報酬的機會也微乎其微。

　　投資忌諱以偏概全，不能見樹不見林。籌碼面雖是配角，

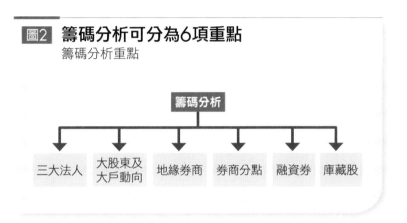

圖2 籌碼分析可分為6項重點

籌碼分析重點

卻是個不可或缺的重要角色,因為「籌碼決定股票上漲的速度」。當籌碼集中時,拉升速度愈快,尤其是有主力照顧、法人認養時,不只漲得快、速度也很凶猛。就算選到不錯的產業,但是一直沒有籌碼追逐,會搞不清楚操作節奏,例如買進後要等很久,才能等到股價大漲。

我看籌碼面的重點,主要包含:三大法人、大股東及大戶動向、地緣券商,以及券商分點這4項,另外,融資券及庫藏股這2項,則作為輔助參考,說明如下(詳見圖2):

三大法人》投資中小型股,以投信動向為觀察重點

　　台股正處在法人時代，2007 年以來，國內外法人交易金額在台股當中，大多占 33% ～ 50%，法人資金的動向對個股的股價走勢影響甚深。因此，當我們找到有成長性的產業後，還是得了解三大法人的動向，尤其是外資及本土投信。如果能夠更進一步，可以培養自己養成法人思維，可提升抱股安全感及提高勝率。

　　這裡介紹一下所謂的「外資」，一般包含退休基金、共同基金、國家主權基金（由主權國家政府建立且持有的基金）等，通常頗具規模與歷史，並有國內外券商提供研究報告與買賣建議。

　　外資的交易流程也很嚴謹，需要有報告為依據才能進行買賣，而且外資選擇的標的大多是市值新台幣 50 億元以上，甚至 100 億元以上的大型股，例如元大台灣 50（0050）成分股或 MSCI 摩根台指成分股，因為這些大型股規模大、營運相對穩定，流動性也較好、風險相對低。

　　不過現在我們也常發現，外資的買超股當中，也會有市值 50 億元以下的股票，這種外資就有可能是俗稱的「假

外資」。假外資的交易，多是公司自家的大股東，先將錢匯到國外，以個人名義或在國外開設公司，再向外資券商開立帳戶，或是從國內券商複委託帳戶下單而來。

大股東最了解公司經營狀況，若以持股低於 5% 的外資股東名義買股，可規避內線交易、不需要申報持股轉讓、也沒有持股轉讓限制、又能方便掌握經營權；此外，還可以製造外資看好的假象，吸引投資人跟進，好處相當多，因此這也可說是不少上市櫃董監事或大股東隱匿資金的最佳手法。

我平時觀察籌碼面時，都看「投信」動向居多，所謂的投信，是指國內的投資信託顧問公司，也就是發行共同基金的基金公司。

因為投信的投資目的通常是「追求超越大盤的超額報酬」，選產業、選股，都著重高成長、高報酬率，也就是追求選出飆股。這類飆股多半股本較小，流通在外的股票張數偏少；只要有對的故事、對的產業，有投信買盤湧入，漲幅都不小。

當我對市值很大的大型股有濃厚興趣時，才會關注外資動向，例如華碩（2357）、聯發科（2454）、大立光（3008）等。

至於三大法人之一的「自營商」，我不會參考。自營商指的是證券公司的自營部，買賣動向沒有追隨特定或明顯的趨勢，常常1天買、1天賣，已經散戶化，所以可以略過。

觀察法人籌碼，千萬不能把重點放在法人買了哪幾檔股票，而是要能從這些零散的法人動向當中，看出產業重點！舉例來說，2020年1月底開始，受到新冠肺炎（COVID-19，新型冠狀病毒肺炎，俗稱武漢肺炎）疫情影響，全球陸續發生股災。從台灣農曆春節假期結束後到3月13日，僅僅31個交易日時間，外資瘋狂從台股提款，賣了將近新台幣3,700億元，大盤下跌幅度達16%。

由於外資著墨較深的權值股賣壓很重，相對來說，投信認養的內資族群，就是接下來要關注的盤面重點。

台股在2020年3月19日跌到當時波段低點8,523.63

點，接著走入盤整。我們就可以看看這段期間投信買超哪些股票，以 3 月 13 日到 4 月 1 日的資料為例，投信買超金額排行前 20 名上市櫃個股當中，涵蓋的產業主要有 5G、宅經濟、風力發電等；其中「宅經濟」又包含居家辦公概念（如筆電相關產業）、雲端（如伺服器產業）、遊戲產業等（詳見表 1）。相關個股在投信買盤進入後，股價相對抗跌，甚至逆勢上揚。

大股東及大戶動向》留意持股400張以上的股東變化

除了法人之外，能夠持有 1 家上市櫃公司 400 張股票以上的人，多半是大股東、金主或主力。買 3 張股票，跟買千百張的實力差很多，後者對股價的影響必然高出許多；因此觀察這些持股大戶的動向，也可以幫我們評估 1 家公司近期受矚目的程度。

觀察的方法很簡單，只要進入台灣集中保管結算所的「股務部資訊平台網站──集保戶股權分散表查詢」（www.tdcc.com.tw/smWeb/QryStock.jsp），或是股市資訊網站「神祕金字塔」的股權分散表（norway.twsthr.info/StockHolders.aspx）即可從每週五更新的個股股權變化，

表1 投信買盤湧入宅經濟、5G產業 2020年3月13日～4月1日

名次	個股（股號）	產業地位	產業概念	投信買超金額（億元）	1週股價漲跌幅（％）
1	台積電（2330）	全球晶圓代工龍頭	晶圓代工	13.79	2.99
2	瑞　昱（2379）	全球超高速乙太網路IC設計龍頭廠商	居家辦公、TWS	10.98	10.55
3	鈊　象（3293）	台灣最大商用遊戲機開發商	遊戲	8.20	9.03
4	穩　懋（3105）	全球最大砷化鎵晶圓代工廠	5G	7.19	6.72
5	茂林-KY（4935）	台灣導光板大廠，蘋果（Apple）MacBook發光鍵盤供應商	居家辦公	6.55	8.11
6	南　電（8046）	全球最大覆晶載板（FC）廠商	5G	6.43	3.63
7	緯　穎（6669）	緯創轉投資之大型雲端資料中心硬體供應商	雲端	6.31	6.08
8	聯　茂（6213）	全球前10大銅箔基板廠之一	5G	6.28	10.19
9	義　隆（2458）	台灣最大觸控面板IC設計廠商	居家辦公	5.73	4.58
10	嘉　澤（3533）	全球前3大CPU Socket（中央處理器插座）製造商	居家辦公	5.64	1.25

投信買超個股排行前20名

名次	個股 （股號）	產業 地位	產業 概念	投信買超 金額（億元）	1週股價 漲跌幅（％）
11	譜瑞-KY（4966）	專攻高速訊號傳輸介面及顯示晶片廠商	雲端	5.61	1.24
12	華　擎（3515）	華碩旗下專攻低階筆電品牌廠	居家辦公	4.92	18.36
13	世芯-KY（3661）	全球ASIC（客製化晶片）及設計IP（矽智財）業者	AI	4.90	4.25
14	金像電（2368）	全球第2大筆電用印刷電路板製造商	雲端	4.82	13.98
15	台　燿（6274）	台灣前5大銅箔基板廠之一	雲端	4.31	2.55
16	智　邦（2345）	以網路交換器為主產品的網通設備代工大廠	5G、雲端	4.30	11.39
17	台　泥（1101）	台灣最大水泥廠	高殖利率產業龍頭	3.85	-0.26
18	世紀鋼（9958）	主要承建電子產業鋼構工程之廠商	風力發電	3.66	10.39
19	欣　興（3037）	全球印刷電路板龍頭廠之一	雲端	3.62	1.46
20	健　策（3653）	全球最大遊戲機抗均熱片供應商	雲端	3.56	1.98

註：1.股價漲跌幅計算截止日 2020.04.06；2.按買超金額由高至低排序　　資料來源：XQ全球贏家

評估持股大戶的買賣超情況。可掌握 2 個要點：

1. 觀察近期 400 張以上持有人數變化。

2. 至少觀察半年到近 2 個月。若是重點持股則要觀察每週的資料，因為主力與大資金吃貨布局，都需要時間。只要大股東持有張數有明顯的向大戶集中的變化，搭配產業與基本面就更穩當。

最簡單的邏輯就是：買 400 張，甚至買 1,000 張的人增加了，一定有原因。搭配產業隊長的產業分析邏輯與基本功，找出原因，心中就更有底氣了。投資──「見樹，又見林！」

以我在 2017 年留意到的遊戲股橘子（6180）為例，股價從 2017 年 8 月下旬約 35.8 元起漲，11 月上旬已漲到 92.1 元，漲幅高達 157%。觀察其集保戶股權分散表，400 張以上大戶的股權變化如下（詳見圖 3）：

2017 年 8 月 18 日：400 張以上股東，人數 29 人，

圖3 持有橘子400張以上大戶，3個月增20人
橘子（6180）股權分散表

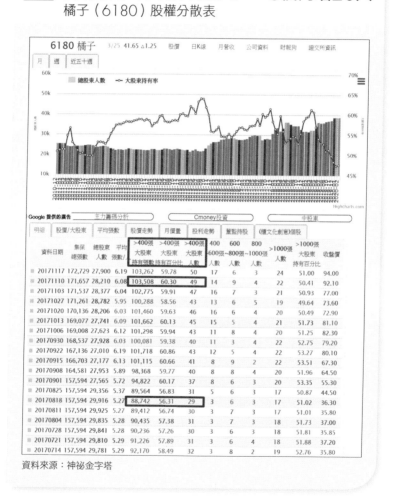

資料日期	集保總張數	總股東人數	平均張數	>400張大股東持有張數	>400張大股東持有百分比	>400張大股東人數	400~600張人數	600張~800張人數	800張~1000張人數	>1000張人數	>1000張大股東持有百分比	收盤價
20171117	172,729	27,900	6.19	103,262	59.78	50	17	6	3	24	51.00	94.00
20171110	171,657	28,210	6.08	103,508	60.30	49	14	9	4	22	50.41	92.10
20171103	171,537	28,377	6.04	102,775	59.91	47	16	7	3	21	50.93	77.00
20171027	171,261	28,782	5.95	100,288	58.56	43	13	6	5	19	49.64	73.60
20171020	170,136	28,206	6.03	101,460	59.63	46	16	6	4	20	50.49	72.90
20171013	169,077	27,741	6.09	101,662	60.13	45	15	5	4	21	51.73	81.10
20171006	169,008	27,623	6.12	101,298	59.94	43	11	8	4	20	51.25	82.30
20170930	168,537	27,928	6.03	100,081	59.38	40	11	3	4	22	52.75	79.20
20170922	167,136	27,010	6.19	101,718	60.86	45	12	5	4	22	53.24	80.10
20170915	166,703	27,177	6.13	101,115	60.66	41	8	9	2	22	53.51	67.30
20170908	164,581	27,953	5.89	98,368	59.77	40	8	8	4	20	51.96	64.50
20170901	157,594	27,565	5.72	94,822	60.17	37	8	6	3	20	53.35	55.30
20170825	157,594	29,356	5.37	89,564	56.83	31	5	6	3	17	50.87	44.50
20170818	157,594	29,916	5.27	88,742	56.31	29	3	6	3	17	51.02	36.30
20170811	157,594	29,925	5.27	89,412	56.74	30	3	7	3	17	51.01	35.80
20170804	157,594	29,835	5.28	90,435	57.38	31	3	7	3	18	51.73	37.00
20170728	157,594	29,841	5.28	90,236	57.26	30	3	6	3	18	51.81	35.85
20170721	157,594	29,810	5.29	91,226	57.89	31	3	6	4	18	51.88	37.20
20170714	157,594	29,781	5.29	92,170	58.49	32	3	8	2	19	52.76	35.80

資料來源：神祕金字塔

持有張數共 8 萬 8,742 張，持股比率 56.31%。

2017 年 11 月 10 日：400 張以上股東，人數增至 49 人，持有張數增至 10 萬 3,508 張，持股比率增至 60.3%。

簡單取這段期間的股價平均值約 64 元計算，一個人要持有橘子 400 張以上股票，需要 2,000 多萬元的資金。花這麼大筆的金額，大量買進單一檔股票，可以合理懷疑有大股東或主力大戶看好。

地緣券商》觀察買賣超券商與公司地緣關係

選好對的產業與研究的標的之後，可善用看盤軟體了解一段時間之內近期持續買超的券商，產業隊長最常用的是「理財寶籌碼 K 線」、「XQ 全球贏家」、「元大投資先生」。

理財寶籌碼 K 線內建「地緣券商」功能（詳見圖 4，此處以橘子為例），是以該公司總部為圓心的半徑 3 公里搜尋特定期間內的買超券商及位置（若搜尋出的券商數量過多，系統會縮小範圍；反之，則擴大範圍，使用者亦可自

圖4 以公司總部為中心，查買超券商地緣位置

橘子（6180）地緣券商

註：資料日期為 2017.11.10　　資料來源：理財寶籌碼K線

行設定距離）。當公司附近的券商剛好也認同買進，又剛好是我們看好的標的時，勝算便可大大提高。

如果沒有軟體，不妨善用各式免費股市資訊網站，也可看到最近一段時間的買賣超券商名稱與代號，以及其買賣超張數；再根據券商名稱與代號去查看該券商位置，判斷與欲投資的公司總部是否有地緣關係。從股票追蹤地緣券

商狀況,主要有以下解讀方向:

1. 在該券商下單者,可能是公司員工或內部人

一般人通常會選在住家附近,或是所任職公司附近的券商開立證券戶。

當公司接獲大訂單,員工就算不清楚內幕,也可能因為常需要加班趕工,進而推測公司將有大筆業績進帳,趁機買進公司股票。

而最熟悉公司經營狀況的內部人(例如董事長、總經理、大股東、董監事、財會主管等),若提前知道公司業績即將轉好,或是當市場遇到系統性風險而遭遇股價大跌,內部人也可能透過在地緣券商的帳戶,加碼買進公司股票。

2. 買超券商位置集中,有可能是主力大戶

位於公司附近的券商若很集中,且持續大量買進該家公司的股票,可以推測有人(或是不止1人),私下獲得了某些好消息,如主力大戶、公司派等。雖然我們無法真實掌握他們買進的動機,也可能只是看到表象,不過仍然可

以當作輔助參考。

　　以公司總部位於台南市官田區的威致（2028）為例，原本股價不到 2 元，為全額交割股；2016 年 11 月到 2017 年初突然開始上漲，最後在 2017 年 11 月 1 日創下約 1 年波段高點 10.4 元，漲幅超過 4 倍。

　　查看威致的大量買進券商統計資料，若以 2017 年 11 月 13 日往回推 247 日，買超第 1 名的元大府城和第 2 名的元大歸仁，一共大量買超 3,795 張（詳見圖 5）。再查看券商位置，也都屬於地緣券商（詳見圖 6）。

券商分點》以點找股、以股找點

　　大部分籌碼研究者都想知道主力買什麼，因為主力的資訊是領先散戶的。因此選股時，除了自己熟悉的標的，也會從主力券商大量買超的標的開始研究。例如海哥（林〇海）主要券商在富邦建國、永豐金信義，籌碼研究者就會從該券商買超股票下手研究，這稱為「以點找股」；或是反過來「以股找點」，從持續買超某檔個股的買超券商名單，搜尋是否有主力資金進駐的可能。

圖5 元大府城、元大歸仁2017年大幅買超威致

威致（2028）買超券商分析

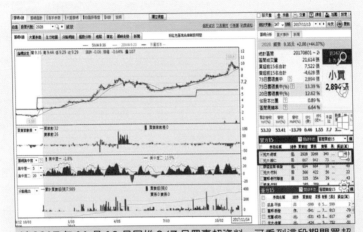

以 2017 年 11 月 13 日回推 247 日買賣超資料，可看到這段期間買超第 1 名元大府城買超 2,928 張，第 2 名元大歸仁買超 867 張，共計買超 3,795 張。這段期間威致（2028）股價上漲超過 4 倍

註：資料日期為 2017.11.13　　資料來源：理財寶籌碼 K 線

1. 以點找股：用券商分點找股票。從個股的地緣券商，或是已知主力所在的券商，看該券商分點於一段時間內買超什麼股票。接著，也可回頭使用「以股找點」方法，找到地緣券商或主力可能著墨的股票，再回推還有哪些券商也都有買相同的股票，同時追蹤這些券商分點的動向。

圖6 買超威致的主力券商也是地緣券商

威致（2028）地緣券商

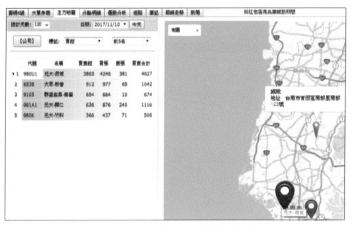

註：資料日期為 2017.11.10　　　資料來源：理財寶籌碼 K 線

　　例如，2017 年 11 月 13 日注意到北部知名的主力大戶券商——凱基信義，在當時近 60 日買超個股當中，有宣德（5457）及精材（3374），可推測為已被大戶吃貨好一陣子，而且獲利頗豐（詳見圖 7）。

　　2. 以股找點：用股票找券商分點。鎖定一檔股票，可看哪個券商分點為最大買超券商，接下來可盯著它何時轉賣。

圖7 券商大買宣德、精材等個股
凱基信義買賣超個股

> 2017 年 11 月 13 日起回推 60 日，凱基信義中買超最積極的前 3 檔個股當中，獲利頗豐的是宣德（5457）及精材（3374）

註：資料時間為 2017.11.13　　資料來源：理財寶籌碼 K 線

以精材為例，當時近 80 日買進精材的券商前 3 名，除了凱基信義，還有宏遠證券及富邦建國（詳見圖 8）。關注籌碼的人，因為知道富邦建國是林○海的下單券商，就會推測當時的精材，可能是主力重倉布局的股票。

既然主力連續買了這麼多股票，如果公司發生異狀，或是即將利多出盡，想必「買最多的人最擔心」，會開始出脫股票。因此，當股價漲到相對高點時，也可以參考這幾個券商分點的買賣超狀況，推敲主力是否賣股獲利了結，

圖8 買超精材的券商包含富邦建國
精材（3374）買賣超券商

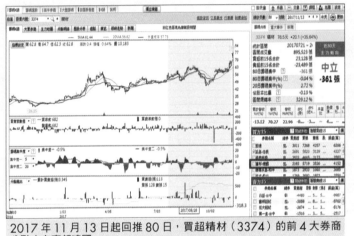

2017 年 11 月 13 日起回推 80 日，買超精材（3374）的前 4 大券商分點中有富邦建國

註：資料時間為 2017.11.13　　資料來源：理財寶籌碼 K 線

自己也可以趁機獲利出場。更進階的做法，也可再觀察這幾個券商分點主要買超哪些股票，可能也會是相同主力的其他操作標的。

要留意的是，就算做很多功課追蹤盤後的籌碼變化，最快也只能在隔天買進。不管是「以點找股」或「以股找點」，

其實都是落後資訊，並非最領先的訊息。尤其是看到被券商分點大買且漲停時，幾乎是來不及跟進。

不過，主力在出脫股票時因為張數太多，一次賣太多恐會引動賣壓，自己砸自己的腳，所以多會傾向慢慢賣、多賣幾天；有時候，也因為成交量的關係，主力無法幾天內就賣光，這時候散戶就很有機會可以跑得比主力還快。實務上，觀察券商分點，是比較適合用來找賣點的。

再以遊戲股鈊象（3293）為例，其主力遊戲「明星三缺一」是國內 17 年以來長賣的遊戲，每天有 60 萬人上線打麻將。由於不同於 MMORPG（Massively Multiplayer Online Role-Playing Game，大型多人線上角色扮演遊戲）的社交型博弈遊戲，明星三缺一的營運具有疊加性、而且長賣，屬於細水長流型的遊戲軟體，生命週期長達 10 年以上。

鈊象在 2015 年～ 2018 年，月營收大約在 2 億元上下，2019 年成長到 3 億元以上，到了 2020 年 1 月、2 月月營收已達到 6 億元以上的水準，而且還有成長的潛力。從

圖9 買超鈊象最多的券商為台灣摩根士丹利
鈊象（3293）買賣超券商

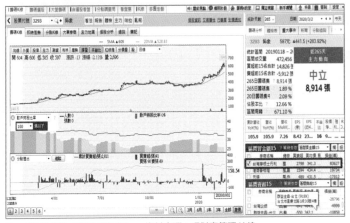

註：資料時間為 2020.03.02　　　資料來源：理財寶籌碼 K 線

2019 年～ 2020 年 3 月初，買超鈊象最多的券商是台灣摩根士丹利，統計買超近 2,800 張，估計獲利 8 億多元（詳見圖 9），卻仍在持續買超，這就表示後面還有故事。不過如果哪天轉為賣超，就表示故事可能沒了，所以若有持股，後續就要緊盯台灣摩根士丹利的買賣超動向。

再看另一個案例，同樣是遊戲股宇峻（3546），2020

年 2 月 18 日公開「三國群英傳 M」上線，3 月 10 日公布 2 月營收創近年新高。用分點來看，2020 年 3 月 3 日近 159 日期間的買超券商是康和永和，業界暱稱為「康永哥」，這段期間一共買超 1,626 張，均價 78.9 元（詳見圖 10）。

對比宇峻的漲幅，康和永和這段期間總共賺了 6,000 多萬元。但就當股價相對在高檔，營收創新高且大幅成長、三國群英傳 M 又加開伺服器時，宇峻股價卻連續長黑下跌！這時又赫然發現，其實 3 月 3 日當天，康和永和已經出現單日賣超，追蹤籌碼的人就會抓住時機跟著離場。這也就是籌碼分析者參考券商分點動向的買賣邏輯。

但是，抓到券商分點及地緣券商後，真正重要的是探究這些券商動作背後的資訊，畢竟領先掌握資訊，才有機會成為贏家。

例如宇峻雖然營收創新高，但是 iOS 及 Android 的手機遊戲排名卻在下滑，原來是遊戲玩家老在抱怨幣值的轉換率；而且新的競爭者如「一拳超人」、「人中之龍」的反

圖10 買超宇峻最多的券商為康和永和
宇峻（3546）買賣超券商

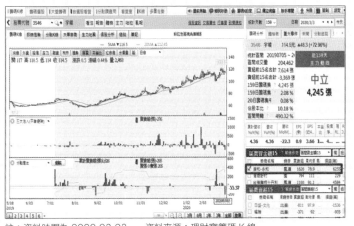

註：資料時間為 2020.03.03　　資料來源：理財寶籌碼 K 線

應也都很好，老牌遊戲「天堂 M」也一直占據前幾名，導致宇峻的手機遊戲排名下滑。

　　所以，除了觀察券商分點，投資人最好能把背後的資訊故事了解透徹，產業資訊與籌碼分析才能相輔相成。

融資券及庫藏股》融券創新高是進場訊號

　　另外 2 個籌碼分析重點為「融資券」及「庫藏股」，我僅會在看盤時大致看過作為參考，簡單說明如下：

1. 融資券

　　大型股的融資券是散戶指標，融資創新高，多半代表股價已經到高峰；當散戶一直買進，代表主力正在出場，換手給散戶。至於融券創新高，則代表股價已快到底部，是進場訊號。

　　要注意的是，中小型股的融資券可能是主力在操作，因為主力為降低持股成本，或是方便多空操控，經常會在低檔利用融資吸納籌碼。以磐儀（3594）為例，2014 年 5 月下旬融資明顯大增，股價就出現一波拉升（詳見圖11）。當股價來到高檔，融資暴減或融券暴增，就要小心是主力在出貨，股價可能會暴跌。

2. 庫藏股

　　至於公司實施庫藏股，指的是公司將已經發行的股票，在市場上以市場價格重新買回，存放於公司，尚未註銷或重新售出。這個手段是為了減少市場上已發行股票的總數，

圖11 磐儀被主力用融資把股價拉上歷史新高

磐儀（3594）日線圖

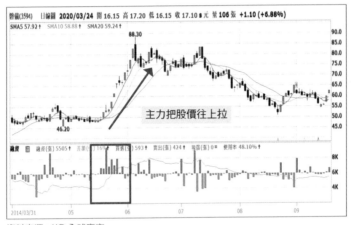

資料來源：XQ全球贏家

可能會刺激股價上升；未來可選擇註銷庫藏股，或是繼續持有等待股價回升後售出。

公司會實施庫藏股，多半是認為自家股票價格偏低時實施，作為一種融資手段，用於刺激與提高股票交易量與股價。因此，有時可把公司回購庫藏股，當作一種「股價可能偏低」的信號。

須結合產業趨勢一併判斷,切勿被籌碼迷惑

籌碼分析是投資人必備的工具,但是我認為,當大家都了解、也都會使用這個工具時,那麼這項工具的邊際效益會遞減,效果也是遞減的。尤其是本篇介紹的以股找點、以點找股、地緣券商等,就算你學會怎麼使用,也只能先作為參考;因為更重要的還是在於人脈的建立,以及長期使用與練習。例如要能知道這幾個券商分點背後是誰,去「了解問題背後的問題」,才能贏過大多數的散戶。

倘若真的沒有人脈去了解券商背後的主力,或是沒有投資圈的朋友,不如回歸「資訊引領資金」的做法,好好了解對的產業及故事。當錢進來後,籌碼自然水到渠成,追蹤券商來選股,不一定賺比較多。

例如全新(2455)在 3D 感測應用剛起步的時候,公司附近的地緣券商一直賣出;結果等到 3D 感測產業洪流一啟動,產業力量無情吞噬掉這些內部人士釋出的籌碼,股價反而是大漲了 1 倍。若跟著地緣券商操作,反而只能賺到一點點。

因此，觀察地緣券商、券商分點的進出，雖可納入我們的籌碼分析策略，但切記不可反被籌碼迷惑。像是我以中小型股為主要操作標的，就會看投信都在買哪些族群，進而理出以產業為主的中心脈絡。

再次強調，籌碼是用來輔助操作的基本功夫，甚至可説是用來判斷賣點的工具，畢竟我們不是法人或大股東，常常會發現進場的時點已晚；但是用來掌握離場的時間點，倒是可以比法人及大戶還要靈活。

技術分析3原則
把握進出場最佳時機

4-2

從籌碼面鎖定特定標的後，接下來就要看看資金面反映在股票實際交易上，透露出什麼樣的線索，這就是所謂的技術分析。

技術分析是統計過去的股價，利用股價數據繪製出均線、技術指標等圖形，投資人可再透過這些統計數據與圖形，搭配成交量、漲跌幅度等資訊，研究出從過去及現在，市場對於個股的反應，並且藉此推測股價未來的趨勢。

要提醒大家，技術分析與籌碼分析，都只是我用於判斷進出場策略的一環，選股的基準還是在於產業趨勢。因為若產業及故事是對的，資金也進場時，技術面自然也就會形成對的架構，籌碼面也會跟著好轉。

所以儘管看盤軟體有各式各樣的指標，坊間也有五花八

門的技術分析切入點,包括型態、位置、波浪、成交量、
強弱度、支撐壓力、指標、均線8大法則……等。我所使
用的技術分析,就只有很簡單的3大原則:1.型態定多空、
2.價量見流向、3.K均指算成本。

型態是為了看趨勢是否改變;價量則是了解資金流向;
看K線、均線及指標,則是為了計算大戶及散戶成本。以
下就來解析,這3項原則的應用方式:

原則1》型態定多空:只在多頭格局時買進

為什麼要先看型態?因為型態就像是一個人的長相,再
怎麼化妝修飾,也很難改變原貌。K線圖的型態就是很直
觀的,對的產業、對的股票,一定是呈現上升趨勢的多頭
格局,K線站在所有均線之上。

若呈現W底或頭肩底,也代表快要把沒有把握的籌碼洗
乾淨,後續有機會反轉向上,如果再加上正確的產業趨勢,
以及有合理的本益比(Price/Earnings Ratio,PER)當作
靠山,就極有可能走出一個波段漲幅。

如果Ｋ線處在股價底部區，呈現「一字」，Ｋ線在均線上，且短中長期均線糾結，表示主力尚未發動攻擊。此時若搭配正確的產業，或是預期接下來有好題材，此刻也可考慮提前進場布局（詳見表1）。

除了上述的多頭與盤整格局之外的型態，都不適合進場做多。例如空頭格局的下降趨勢型態、Ｍ頭或頭肩頂，都是股價將繼續走空的樣態；至於長期不上不下的盤整，因為方向不明，也不適合做多。

就算是市場上注目的股票，只要型態是空頭，我也不會考慮在此時買進；因為這表示市場根本就還不青睞，只是在喊熱，沒有實際的行動。此時進場，想等待股價發動，需要很長的時間，而且還不一定會等到，不如轉身找其他公司。

在判斷型態時，不管是日線圖或是週線圖都要觀察。其中，週線圖又比日線圖更重要。如果週線圖已經是短期均線「向上黃金交叉」到長期均線、底部確立長紅Ｋ線，那麼即使短期股價有波動，中長期來看，仍會是多頭強勢格

表1 「一字」呈現短中長期均線糾結

多頭格局vs.空頭格局

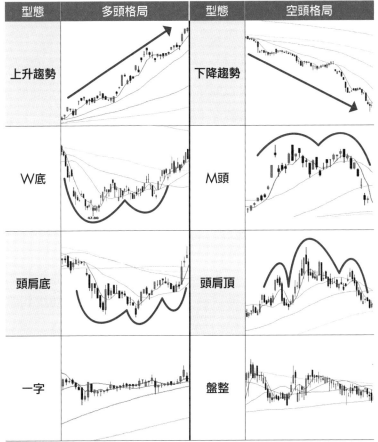

型態	多頭格局	型態	空頭格局
上升趨勢		下降趨勢	
W底		M頭	
頭肩底		頭肩頂	
一字		盤整	

註：表中均線顏色：5日線為暗紅色、20日線為桃紅色、60日線為橘色、120日線為灰色、240日線為藍色　　資料來源：XQ全球贏家

局。至於日線圖因為時間週期較短，意義不是那麼大，不過倒是可以每天觀察，以保持股價敏鋭度。

範例分析──世芯（3661）

接下來以世芯-KY 為例。這家公司從事客製化晶片（特殊應用積體電路，Application Specific Integrated Circuit，ASIC），以及系統單晶片（System on a Chip，SoC）設計及製造生產業務，以高複雜度、深次微米高階製程晶片為主。

2019 年 9 月，我就在我教學的產業冠軍班實體課程分享我對世芯-KY 的觀察。那堂課只研究一個題材，就是中國可以媲美 Wintel（Windows ＋ Intel）的國家隊是誰。研究完產業面與基本面之後，我也特別去實地拜訪公司，並參加公司在台北內湖舉辦的法説會。以下來看其產業面、基本面與技術面分析：

1. 產業面

世芯-KY 的大客戶天津飛騰信息技術有限公司，入選中國 CPU 自製的國家隊之一，具有中國「自主可控」供應鏈

的題材故事。「自主可控」指的是中國希望打造國內公司可完全自行製造的完整產業鏈。

中國政府機關自 2018 年起,一方面因為擔憂美中貿易戰美國關鍵零組件的制裁,一方面想要「中國芯」,因此規定採購電腦都要有一定比率的國產伺服器 CPU。而中國的國產 CPU 晶片,只占市場 10%,每年進口額就達到 1,000 億美元。

其中,飛騰的 CPU 為中國技術領導者,不管是主頻率、工藝、功耗,都最接近美國大廠英特爾(Intel,美股代號:INTC),因此被母集團將股權注入中國長城(陸股代號:000066),主打 CPU 銷售對標英特爾。而中國長城的母公司,是由中國政府直接管理的中國電子信息產業集團,因此飛騰也被視為中國的「國家隊」。飛騰與世芯 -KY 合作多年,飛騰未來只要騰飛,世芯 -KY 絕對可以攀龍附鳳。

2. 基本面

世芯 -KY 的 2018 年每股盈餘(EPS)為 4.22 元,法人預估 2019 年 EPS 可達 7 元(實際為 7.2 元),2020 年

圖1 **世芯-KY於2019年9月底突破頸線後走升**

世芯-KY（3661）週線圖

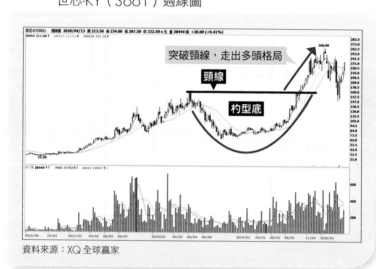

資料來源：XQ全球贏家

預估可達到10元。而且IP（矽智財）授權與IP設計是高毛利、高本益比的產業，世芯搭上飛騰後，本益比有機會成長至智原（3035）與創意（3443）的等級。

3. 技術面

觀察世芯-KY的週線圖，可以清楚看到形成了一個「杓型底」（或稱U型底，詳見圖1），這個底部就在2019

圖2 世芯-KY自2019年8月中起均線多頭排列

世芯-KY（3661）日線圖

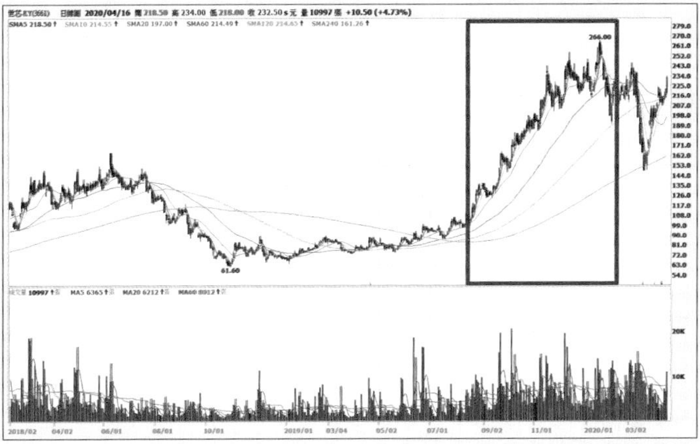

資料來源：XQ全球贏家

年9月剛好完成。

再觀察日線圖走勢，其實在 2019 年 8 月中開始，世芯 -KY 的均線就呈現多頭排列格局（5 日線 > 10 日線 > 20 日線 > 60 日線 > 120 日線 > 240 日線，詳見圖2）。而 9 月下旬股價突破底部頸線（約 153 元），漲上 163 元左右之後，一度小幅拉回至 150 元之下，此時均線仍維

持多頭排列格局，其實就是可以介入的好時機。

可以看到接下來世芯 -KY 繼續維持多頭格局，偶有拉回，也是沿著月線緩緩往上攻擊。即使創波段新高拉回跌到 20 日線之下，也並未跌破前波低點，形成大漲小回的上升趨勢型態，此波上漲的最高點來到 266 元。

因此可得知，當基本面、產業面沒有改變，獲利預估還有空間甚至調高時，技術線型就會呈現它該有的樣子。直到 2020 年 1 月底、2 月初，台股遇到新型冠狀病毒肺炎（COVID-19，以下簡稱新冠肺炎）疫情衝擊而下殺，世芯 -KY 也隨著下跌，正式跌破過去「沿月線上揚」的慣性，並且接連跌破季線，此時才改變多頭軌跡，隨大環境進入修正。不過，假設當初是在 150 元左右買進，抱到 2020 年 2 月 3 日跌破季線時，以 224 元賣出，累積報酬率也有 49%。

觀察股價的中長期型態時，只要沒有跌破前波高點，或是沒有改變股價上揚的慣性，都能夠幫助我們增加持股信心，避免太早出場而少賺。

原則2》價量見流向：判斷資金流動方向

K線容易受到人為操縱而失真，但是成交的價與量，卻是真金白銀堆砌出來，是最真實騙不了人的，所以很多技術分析老手只看「價量」（股價與成交量的關係）。

我看價量時會化繁為簡，主要用來判斷資金流向。例如當股價從底部初漲又伴隨著出量，是價量配合的「價漲量增」，表示有主力或法人願意高價買進部位，基本上會是一個波段漲幅的觀察點。

但若是高檔爆大量，也就是周轉率（該個股成交張數占股票流通在外張數的比率）超過 20% 時，則可能是快速拉回的開始。

假設 A 公司股本 10 億元，每股面額 10 元，代表公司在市場上有 10 萬張股票（＝ 10 億元 ÷10 元 ÷1,000股）。若扣掉大股東基本持股 2 成，代表流通在外股票有 8 萬張，假設某天市場成交 2 萬張，周轉率即高達25%（＝ 2 萬張 ÷8 萬張），意味著市場上有這麼多籌碼拿出來賣。

10 萬張股票,要拿出 2 萬張出來賣的實力,背後絕對不只是散戶。因此,若高檔爆量(周轉率超過 20% 視為爆量),我都會格外小心。

範例分析——泰碩(3338)

以散熱模組廠泰碩為例,主要獲利來源為手機熱板及 5G 基地台散熱解決方案,5G 基地台大客戶為中國的電信巨頭——中興通訊(陸股代號:000063、港股代號:763)。

1. 產業面

我最開始是 2019 年 6 月在上海拜訪公司,當時探知中國當地電信運營商已經拿到 5G 執照,2019 年下半年就會陸續興建新基地台,或是更新升級舊有基地台的設備。回台後,立馬研究電信基地台的製造供應鏈,發現基於功率愈大,產生熱能愈高,散熱需求也將提高,而且台廠的技術向來優於中國,有不可取代性。

研究之下發現,台股只有泰碩跟另一家奇鋐(3017),專門生產基地台的散熱模組。儘管華為是中國電信設備龍

頭，但受到美中貿易戰影響，市場將轉向其他廠商下單，
而中興通訊就是受惠者，市場認為中興通訊將能爭得優於
預期的市占率。泰碩身為供應中興通訊散熱模組的主要供
應商，業績可望跟著中興通訊一起起飛。

2. 基本面

我在 2019 年 7 月時就預估泰碩 2019 年度的 EPS 大約
3 元（實際為 3.38 元），且估計 2020 年有機會上看 6 元。
以成長幅度及同業水準，推估合理本益比約 15 倍，於是
我將泰碩的目標價設定為 90 元～ 100 元，而當時（7 月
中下旬），泰碩股價僅 60 元左右。

3. 技術面

2019 年 7 月上旬研究泰碩，7 月下旬進場布局，此時
正是短期均線糾結、季線為支撐的時期（詳見圖 3-❶）。

至 2019 年 8 月 8 日泰碩起漲當天，已經是有價有量了，
股價上漲伴隨量增，代表有更大的資金力量，願意在相對
高價時買進布局。型態也已經從一字轉成多頭格局上升趨
勢，均線呈現「短天期在上、長天期在下」的多頭排列（詳

見圖 3- ❷）。

2019 年 8 月 30 日，泰碩股價最高漲至 106 元，此處高檔爆量（泰碩實收資本額 8 億 7,200 萬元，股票流通在外張數約 6 萬 9,800 張，當天成交量 2 萬 9,600 張，周轉率 42%）。看到這樣的訊息，若能有所警覺，並於下一個交易日出場在 90 幾元的相對高點，可取得超過 50% 的獲利（詳見圖 3- ❸）。

再次強調，高檔爆量、高周轉率的情況出現，就要想到，能在高點賣這麼多的，若非大股東就是主力。如果主力真的要開始撤，散戶是比不過這股力量的；所以有看到大戶出場跡象，還是先減碼，獲利入袋比較安全。

價量可以很方便用來判斷大戶資金的動向，尤其最常用到「低檔價漲量增」、「高檔價跌量增」，並且在高檔時輔以周轉率觀察，那麼在初升段時，就不會很快因為沒信心而離場；亦不會因為貪婪、過度自信，而死守抱股不賣。

我要特別提醒大家，在看技術分析時，必須時刻注意，

圖3 泰碩2019年8月價漲量增

泰碩（3338）日線圖

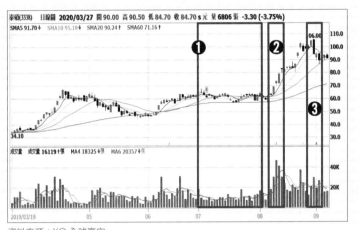

資料來源：XQ全球贏家

是「產業研究在前，股票飆漲在後」；即使是從技術面發現價漲量增的股票，仍要有堅強基本面作為後盾，勝率才會大大提高，才有辦法上漲幾個大波段。

原則3》K均指算成本：推敲成本背後的邏輯

「K線」（又稱K棒）是顯示每一日的股價開盤價、收

盤價，以及最高價、最低價；「均線」則是一段期間的平
均股價；「指標」也都是用一段時間的股價計算出來的結果。
簡而言之，Ｋ線、均線、指標都是用來計算市場上大家的
成本。

1.Ｋ線

Ｋ線是由 4 種成交價格組成，因此會呈現出不同樣貌。
像是收盤價高於開盤價很多，就會形成「長紅棒」。如果
一根Ｋ棒在開盤後，盤中有段時間漲高，最後收盤又跌下
來，就會形成「上影線」。這些不同樣貌的Ｋ棒，大概就
訴說了一個交易日當中的股價變化。

不過，也正是因為這樣，很多人常常會有Ｋ線的迷思，
例如看到上影線就覺得不好，擔心接下來恐怕缺乏續漲力
道。其實，認為上影線不好恐怕會以偏概全，很多例子是
Ｋ棒出現上影線後，之後股價大漲 1 倍！

我要提醒大家，「盤中高低點代表主力心態，收盤價代
表主力的想法」；以上影線為例，正確觀察角度應該是「主
力曾經有心想攻擊」。接下來，只要成交量未失控，這樣

的上影線只是代表短中期的整理，不代表趨勢被破壞。

2.均線

均線則代表一段時間的所有股票交易者的平均成本，要怎麼使用呢？以我的操作習慣，我最在意的是「季線」（即 60 日線，最近 60 個交易日的平均價格）。

季線也是很多教科書上寫到的「生死線」，因為股價只要跌破這條線，意味著這 3 個月以來參與的交易者都是賠錢的，這時可嚴格執行停損；如不停損，也絕對要特別小心，因為跌破季線時若不減碼，後面恐將出現一大段因為停損而湧出的跌勢，恐怕會來不及因應。結論，季線是判斷股票強弱的重要指標。

不過最需要理解的還是最開始的原則，也就是型態與線型，要思考成本背後的意義來做決策，才是看 K 線、均線最重要的事情。例如長黑 K 線摜破平台（橫盤整理的區間），代表這個平台所有的人的成本被跌破，進來這個平台買的這群人都被套牢、都錯了，這就是一個型態走空的警訊。

3.指標

「指標」則要特別留意 RSI 跟 KD，這 2 個指標都由 2 條線構成，皆是以黃金交叉為上漲訊號，死亡交叉為下跌訊號，且日線圖、週線圖都要看。以日線圖而言，RSI 通常預設為 6 日 RSI、12 日 RSI，當 6 日 RSI 朝 12 日 RSI 向上穿越則為黃金交叉；反之，則為死亡交叉。

KD 則有速度較快的 K 值與速度較慢的 D 值，當 K 值朝 D 值向上穿越為黃金交叉，視為多方力道強；反之，則為死亡交叉，空方力道較大。

若是中長線投資，則大多看 MACD，同樣也有 2 條線，當 DIF 線朝 MACD 線向上穿越呈現黃金交叉，意味著漲勢開始；死亡交叉向下，則為跌勢開始，不過，這也只是用來輔助確認當時的多空方向。

範例分析──國揚（2505）

國揚是國內老牌建商，主要委託營造廠興建住宅、辦公商業大樓及工業大樓出租、出售業務。市場多數位於都會區，但主要位於南部地區，集團關係企業有漢神百貨、漢

來美食等企業。

1. 產業面

2015 年台北市啟動「東區門戶計畫」，不論是南港車站捷運 BOT、環球影城、南港展覽館、南港軟體園區、中國信託金融園區、南港生技中心、台北流行音樂中心等建設在政策規畫下發展快速，對「南港 F4」──南港（2101）、國揚、國產（2504）、工信（5521），這 4 個有南港土地跟重劃題材的公司最有利（詳見圖 4）。

台北市「大南港案」靠近松山車站，開發進度延宕多年，2019 年終於準備啟動，土地有 1 萬 635 坪，在變更地目捐地後，尚有 7,635 坪可供開發，土地規模市值上看 300 億元。其中，國揚持分達 40% 為最大，工信持分 12.5%，股東已達成開發協議、確定對外銷售，因取得土地成本低，隱含報酬率相當可觀。

2. 基本面

以國揚持有成本約每坪 60 萬元、目前公告現值每坪 110 萬元計算，處分土地利益約 15 億元，換算可貢獻

圖4 受益東區門戶計畫的台北「南港F4」位置圖

「南港F4」位置圖

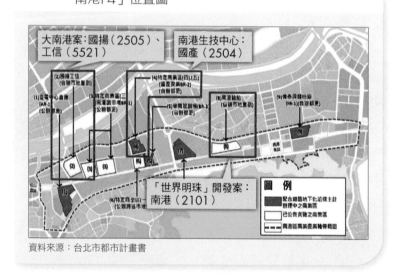

資料來源：台北市都市計畫書

EPS 3 元。若以市場實際土地價格每坪 250 萬元估算，則可貢獻處分土地利益 58 億元，換算可貢獻 EPS 約 8.3 元，每股淨值也將可因此提升至 20 元。以 2019 年 10 月初股價 14 元計算，還有隱含上漲空間 42%。

3. 技術面

從圖 5 的國揚週線圖來看，型態已經自 2019 年 9 月

圖5 國揚自2019年9月走出多頭格局
國揚（2505）週線圖

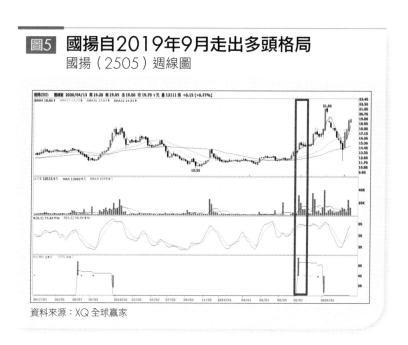

資料來源：XQ全球贏家

走出多頭格局；均線多頭排列，成交量有效放大，超越
2018年初創18元波段高點的成交量。多頭型態及資金
流入條件皆滿足。

　再看圖6的國揚日線圖，股價走勢在月線（20日線）上
下，2019年9月以來股價站穩年線之上後，主力自10
月起便以月線為控盤成本；待拉回到月線後，就是醞釀下

個波段,每次出量就是一個階梯平台的爬升。國揚的月線則從 2019 年 10 月的 14 元左右,向上墊高至 15 元、17 元,表示主力買進成本也在提高,也可以推測後面可能還有未知的漲幅(詳見圖 6- ❶)。

觀察技術指標,2019 年 11 月中、12 月初、2020 年 1 月 9 日的 RSI 跟 KD 都呈現黃金交叉向上,是漲升訊號(詳見圖 6- ❷)。

2020 年 1 月中旬漲至超過 21 元,已經到我設定的目標價位區;1 月底則因為新冠肺炎產生的系統性風險而反轉下跌。2020 年 2 月最後一週,國揚跌破季線 17.5 元時,表示過去 3 個月買進的股東都已經賠錢,接下來這些人很容易開始停損拋售股票,因此再怎麼看好,最好都先減碼(詳見圖 6- ❸)。

2020 年 3 月 19 日台股創下 8,523.63 點的波段低點,這天上市櫃公司有超過 500 家公司跌停。國揚當天的股價,也在盤中最低跌到 12 元,相當於 2019 年 9 月起漲點位置(詳見圖 6- ❹)。

圖6 國揚守住月線，被當作主力控盤的成本
國揚（2505）日線圖

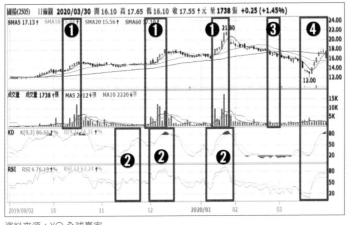

資料來源：XQ 全球贏家

接下來，國揚股價逐漸走穩，反彈回到季線，KD 及 RSI 都黃金交叉向上。但是手中成本高、先前都還沒賣股的人，可能會在此趁機拋售，表示要站穩的壓力不小；均線若要走回短天期均線在上、長天期均線在下的多頭格局，還需要一段時間。

做個結論，看技術分析主要是了解型態是呈現多或空、

真金白銀的成交量，並思考 K 線、均線、指標代表的意義。這些都是一眼可見的，而且是大部分投資人都會看的東西，要有效地運用這些資訊，重點還是在於「思考」！看的股票多了，經由反覆思考，所累積出來的智慧與經驗，這才是最珍貴的寶藏。著有《一個投機者的告白》系列經典投資暢銷書作者——安德烈·科斯托蘭尼（André Kostolany）就曾說：「大多數投資人用 90% 時間閱讀財報及線圖，但其實該要用 90% 時間思考。」

在本文當中，所介紹的 3 原則只是基本原則。必須全面性思考，才能找到相對理想的進出場點，也是能讓投資決策更上一層樓的關鍵。

4-3 估算目標價 布局潛在漲幅30%以上標的

通過產業研究抓趨勢，進行基本面評估，再搭配籌碼面及技術面檢視後，可能會鎖定幾家潛在的主流產業飆股，此時選股工作大致已經完成 8 成了。剩餘的 2 成工作，就在於：「要不要出手買股？」

在準備找買賣點出手買股前，我跟大家聊一個心理盲點，顛覆一下大家的思維，常常有很多股票，散戶第一時間的立即反應是：「這漲好多了，不想買，也不敢買！」漲多的股票，從另一個角度來看，就是市場認同。既然市場目前認同它，才更應該重視它背後的產業脈絡，並且更深入研究這家公司的基本面；過去 3 年～ 5 年，美股的「尖牙股」（FAANG），也就是以 5 大科技巨擘為核心的臉書（Facebook，美股代號：FB）、蘋果（Apple，美股代號：AAPL）、亞馬遜（Amazon，美股代號：AMZN）、Netflix（美股代號：NFLX）及 Google（母公

司為 Alphabet，美股代號：GOOG、GOOGL）都可以當作借鏡。就像某家餐廳很有名，東西好吃才會有人排隊上門，難道有人會一天到晚專找門可羅雀的餐廳吃飯嗎？

永遠要思考：「用合理的價格，買進有成長性的公司。」不要總是想用低廉的價格，買進平庸的公司。股價漲幅再大，只要合理價還沒到，還有 2 成、3 成以上的空間，那麼，就不要在意從哪裡漲上來，專注在未來可能漲到哪裡去，是不是比較實在？

因此，是否出手買股的關鍵，就是先算出目標價，然後評估接下來的可能上漲空間。如果公司的股價並未明確發動，距離所定出的目標價還有 30% 以上的上漲空間，我會認為這樣的股票，潛在報酬高於風險，可以優先考慮進場。

也就是說，風險與報酬的關係是必須考量的，如果股價已經漲得很高，距離目標價的潛在上漲空間在 10% 以下，我會直接放棄。若潛在上漲空間介於 10% ～ 30% 之間，還是可以考慮進場，畢竟主流產業飆股，常常有時候會有超漲的情形。

目標價又該怎麼評估？我使用的估價法就是法人會採用的「預估未來4季每股盈餘（EPS）」乘上「本益比」（Price/ Earnings Ratio，PER）：

目標價＝預估年度 EPS × 本益比

而我們又該怎麼預估 1 家公司年度 EPS ？以及要給 1 家公司多少本益比？說明如下：

預估年度EPS》取法人預估中間值或自行估算

由於股票是往前看，投資人買的是未來，因此，最重要的是要能評估出今年與明年的 EPS，一般投資人不會算也沒有關係，直接看最近法人報告評估的 EPS。不過有時不同法人 EPS 會非常接近，但有時則又會有所落差，因此，最簡單的評估方式，就是取「中間值」。

再提供另外一個小技巧，如果鎖定的公司沒有法人的報告，可以自己運用 Excel 估算營收、毛利、營業費用與淨利率，試著自己估算 EPS。還有一個取巧的方式也很實用，

就是利用 3-4 提到的「左曲右迴法」，直接問問公司的財務長，畢竟財務長對公司的財務狀況比所有的投資人都還要熟悉得多。

本益比》可用公式推算或參考同業值

傳統的本益比公式為：股價 ÷ 近 4 季累積 EPS。不過前文提到，我們會取得「預估年度 EPS」這個數字，因此將「股價 ÷ 預估年度 EPS」，就可得到「預估本益比」。例如 A 公司的目前股價是 120 元，近 4 季累積 EPS 是 5 元，傳統本益比是 24 倍；若預估今年度 EPS 是 6 元，那麼預估本益比就是 20 倍。

由於我鎖定的主要都是「主流產業」、「成長股」，所以即使是看預估本益比，也無法符合我的需求。我會進一步算出「本益成長比」（Price/Earnings to Growth Ratio，PEG），公式如下：

> 本益成長比＝
> 預估本益比 ÷ 未來（3 年～ 5 年）的獲利年成長率

　　當 1 家公司處在成長週期，我們很難確保它未來每年都能夠有同樣的成長幅度，因此，只要約略估算這家公司在 3 年～ 5 年內的成長幅度即可。

　　假設 A 公司的預估本益比為 20 倍，未來 3 年～ 5 年的獲利年成長率為 20%，它的本益成長比則為 1 倍。以成長股而言，本益成長比 1 倍，代表目前這家公司的股價是合理的。若低於 1 倍就表示股價遭到低估，高於 1 倍則為高估。所以，有個很簡單的方式可以為成長股評估本益比──今年的預估獲利成長率是多少，就給予多少本益比。

　　再另外分享一個小技巧。如果 1 家公司正推出一項全新的技術，或是切入新的產業，可以參考同業目前的本益比。

　　例如 2019 年 7 月～ 9 月，我在產業分析教學課程當中，帶著同學一起研究美中貿易戰受惠股──IP 設計公司世芯 -KY（3661）。公司在法說會上提出樂觀展望，主要是中國、以色列與美國客戶的 AI（Artificial Intelligence，人工智慧）晶片，還有中國 CPU 晶片的自製相關設計合作案，讓公司的營收獲利成長樂觀。

法人預估世芯-KY 的 2019 年 EPS，紛紛從 5 元多調高到 7 元；基於對公司的高成長展望，法人也將 2020 年 EPS，調高到 9 元～ 10 元。由於世芯-KY 屬於高毛利率的晶圓上游產業，內外資法人報告也就紛紛給予近 20 倍～ 25 倍不等的高本益比（詳見圖 1）。

伴隨著世芯-KY 的營收逐月公布，果然出現亮眼的好成績，股價也扶搖直上。可見，看對個股前景、產業趨勢，並給予合理的本益比，股票自然抱得牢，買得多。主流產業趨勢的飆股掌握到了，獲利自然盆滿缽滿。

買進資金分3批，待技術面突破再加碼

針對 1 檔個股，我習慣將可投入的資金分為 3 批。只要評估股價距離目標價還有可能漲 30%，就投入第 1 批資金。

接下來則要觀察技術面。等股價開始發動，若看到有長紅 K 棒突破原本的股價整理平台，或是股價上漲到突破前波高點，代表市場上其他資金也開始進駐。我就會在股價發動時，繼續加碼第 2 批、第 3 批資金。

外資給予世芯-KY預估本益比達19.8倍

世芯-KY（3661）摩根士丹利研究報告

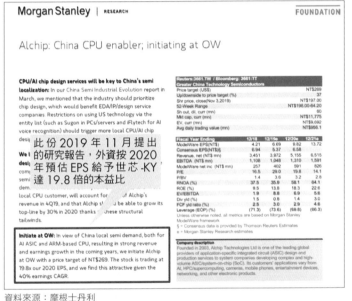

資料來源：摩根士丹利

我認為：「趨勢對的時候，只會買貴，不會買錯」。當股票處在持續上漲、突破的階段，不論追高買，或是拉回買，可以看到股價都在創新高的路上。

4-4 觀察4狀況 設定明確停損機制

由於當我鎖定主流產業的飆股後，採取的策略是「看對、壓大、抱長」，也就是持有一個中長線的波段（3個月～6個月）。但是，又該在什麼時候出場才是最佳時機？

我會選擇退場觀望有4種狀況，以下按重要性依序說明：

狀況1》買進理由消失，基本面與產業面轉差

「買進理由消失」是最重要的賣出依據。假設你因為喜歡某家餐廳的炒麵而經常光顧，有一天廚師換人了，炒麵味道變了，想必你也不想繼續光顧了吧！

既然我們選股理由是基於產業趨勢和公司基本面，那麼當基本面改變、競爭優勢轉弱或消失，也就代表當初的買進理由消失，此刻不論是獲利或虧損，我都會出場。

　　既然你把股票買進來了，你就是股東，就是要天天關心。贏家勝在追蹤，輸家套牢後不聞不問、不面對，只想等股價上漲，這是很大的差別。

　　法人追營收、看籌碼，緊盯客戶，就是這個道理，務必花時間在你篩選過後的好股票上面。

　　台灣是淺碟市場，而電子產業居多，所以許多公司的營收、訂單、競爭者搶單、客戶遞延出貨等情況屢見不鮮。另外，公司也可能會發生突發事件，例如，因為天災而導致廠房受損，或是人工疏失導致某筆訂單無法如期交件……等。這些好公司遇到倒楣事，有時候反而是低接股票的好時機，要看事件來個別評估。

　　多數利空事件都可能會造成主力、法人賣股而引發賣壓，導致股價下跌。雖然可能只是一時下跌，卻很難預估利空影響會持續多久、跌幅會多深，此時若想適度減碼，可以搭配技術面觀察；例如當股價出現長黑 K 棒伴隨大筆成交量，代表市場上有人發現基本面轉變而釋出籌碼，就是可以參考的減碼點。

狀況2》系統性風險,大盤崩跌時應適度減碼

系統性風險來臨與盤勢轉空,例如國際股市跌破季線、利率倒掛、金融危機、石油危機、大型災害⋯⋯等,這種天災人禍醞釀的系統性風險,不囉嗦!先減碼降持股水位,心情會變得輕鬆,頭腦會比較清醒,壓力當然也就降下來。

系統性風險發生時,好產業、好股票跌得少,但依然會跌,更何況基本面下修的股票,絕對跌得更慘。例如2018年2月6日的台股大跌、2018年10月股災都是如此。

在下跌之初,都必須檢視買進的理由,跌時重質,汰弱留強。倘若沒有這能力,建議手中股票不管賺賠,都應全面減碼,執行「減碼、減持股倉位、減壓力」。面對未知的風險,壓力小了,判斷力自然就清楚了。

2020年初,因為新冠肺炎(COVID-19,新型冠狀病毒肺炎,俗稱武漢肺炎)疫情,台股展開急速大崩跌,我在3月9日於臉書粉絲團、教學課程的群組中,發表〈油

圖1 2020年3月10日後台股大崩盤
加權指數日線圖

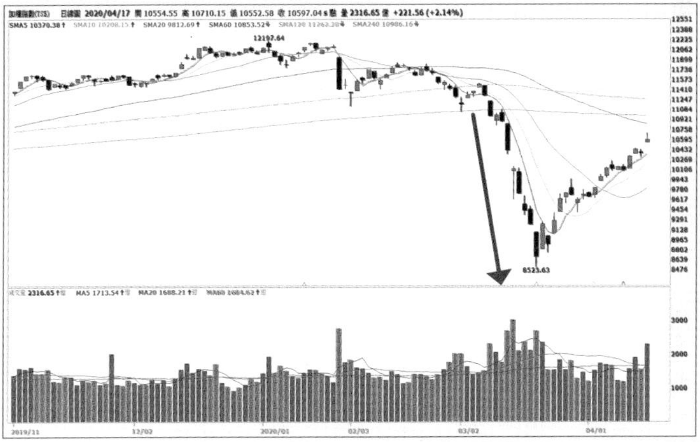

資料來源：XQ 全球贏家

價崩跌市場動盪：停損是紀律，亂砍是情緒〉文章，其中
提到疫情固然嚴重，然而當時油價崩跌引發的主權基金賣
股、原物料出口國受創、高收益債流動性風險及心理恐慌，
提醒讀者減碼。

3月10日之後，台股果然出現連續性的最大殺盤（詳見
圖1）。顯然，具備產業深度跟全球視野，可以守住大崩

盤時的資金安全。

狀況3》損失達絕對金額或絕對報酬率即停損

停損點位則可以用2種方式:第1種是「絕對金額停損」,進場前先認清楚自己這筆交易能接受多少損失,相對安心、心理帳戶有底,就會產生信心;第2種是「絕對報酬率停損」,例如設定 –10% 停損、–15% 停損、–20% 停損,取決於個人的承受能力。

以我自己為例,「整戶報酬率達到 –10%」是我常用的一個絕對報酬率停損參考點。

例如,採取絕對報酬率 –10% 時停損,假設持股部位共200萬元,整戶出現 –10% 報酬率時,千萬記得停下來檢視一下哪些部分出了問題,思考一下產業與基本面、題材、族群、籌碼、線型,到底是哪個環節沒有注意到?是否有考慮未周全之處?永遠記得「尊重市場」,市場是對的,賠錢一定有理由,例如有可能是追高、估錯基本面,或是籌碼面沒人認同等。

　　還有，假定一共買進 4 個產業別各 1 檔股票，每檔股票買 50 萬元。若有 3 檔賺錢，剩下 1 檔虧損 15%，就要檢視買進這檔股票的理由，或是直接執行「報酬率停損」。

狀況4》技術面3賣訊

　　在技術面的部分，當股價跌破關鍵支撐點，通常代表股價會迎來一波下跌，我也會選擇認真思考停損出場。關鍵的支撐點有以下 3 種：

1.跌破整理平台

　　假設股價漲到高點後進入盤整，最低都不會跌破 90 元。若有天股價破此 90 元平台，則要賣股出場。如果懂得分辨股價的頭部型態，那麼當股價在高檔形成頭部，在跌破頸線之後，也必須先行出場。

2.跌破前波低點

　　當股價處在多頭格局，上漲後回檔的低點，絕不會跌破前波低點。因此，當股價跌破前波低點，代表此段多頭格局已經改變，是重要的賣出訊號。

3.跌破季線

季線指的是一個季度當中,所有交易人的平均成本。我非常重視季線,有時股價跌破季線,我會花整個晚上思考原因與理出頭緒。如果你對公司的掌握度不夠高,產業與基本面掌握度低,記得「寧賣錯,不留錯」,就算賣錯股票,再找新的好標的即可。

我對自己看趨勢、找飆股的能力從不懷疑,充滿信心,所以季線一破,我常常先砍再説;小傷害隨時翻本,重傷害無法翻身。當然,也會有來不及的時候,例如 2020 年 2 月～ 3 月台股因這波疫情快速崩跌,我重壓的其中 1 檔遊戲類股鈊象(3293),收盤價僅短暫跌破季線,3 日之後即站回。

因為我並非在前波高點進場,只有小幅承受帳上虧損,並沒有碰到需要停損的程度。後來隨著台股止穩,受惠於「宅經濟」題材的鈊象,也因為營運績效突出、法人認養,股價領先反彈接近前高,安然度過此波系統性風險。

另 1 檔我重壓的股票為記憶體模組廠十銓(4967),

2020 年 3 月 17 日跳空跌破季線,我在第一時間沒有執行停損,之後連續跌停。當然,這與大環境恐慌,還有系統性風險有關。當下市場都認為所有產業與消費需求都會停擺,因此整體股市一起崩跌。

當時我手上有 100 張十銓,且採取融資買進。3 月 19 日出現帳上虧損達 197 萬元。這天是市場最恐慌的時候,雖然我抱著大幅虧損的股票,但我還是決定續抱,並且在這天下單小買台積電(2330)。只有信念能夠戰勝恐慌,坦白說,要是十銓沒有套這麼深,我會選擇 3 月 19 日當天買更多股票。

隨著台股觸底反彈,十銓也公告 2020 年單月每股盈餘(EPS)有 1 元,1 月~ 3 月累積可能有 2.5 元的 EPS;根據我的估算,全年應有機會達到 5 元以上。果然,市場在恢復理智之後,展開絕地反攻,十銓出現連續 4 根漲停,股價也慢慢反映它本身的價值,從 3 月最低點 23.25 元反彈回到 4 月中旬時的 40 元左右(詳見圖 2、圖 3)。

另外,還有一個一般人比較少用到的籌碼面觀察點——

圖2 十銓跌至23.25元，觸底後連4根漲停

十銓（4967）日線圖

資料來源：XQ 全球贏家

主力成本與投信認養成本。例如研究 A 股票時，發現有主力大買，成本在 67 元；或是 B 股票，由投信認養，投信認養成本在 128 元，也可以視為停損與否的關鍵價位。因為股價一旦跌破，可預期主力或投信恐會執行停損，市場上將有不小賣壓，此時也必須盡速離場。

「買股是技術，賣股是藝術。」還要考慮每個人的心理

圖3 **持有十銓遇暴跌，股價回穩後回到正報酬**

持有十銓（4967）帳上損益紀錄

種類	代號	商品名稱	現股數量	成本均價	市價	股票市值	持有成本	盈虧	盈虧(%)
資買	2330	台積電	9,000	245.493	263.00	2,367,000	887,437	146,890	16.55%
資買	4967	十銓	100,000	43.3058	27.70	2,770,000	2,063,583	-1,578,681	-76.50%
資買	8996	高力	3,000	42.0177	42.65	127,950	51,053	1,332	2.61%

2020年3月20日，十銓（4967）帳上報酬率為-76.5%，之後隨股價反彈進行小幅減碼

種類	代號	商品名稱	現股數量	成本均價	市價	股票市值	持有成本	盈虧	盈虧(%)
資買	4967	十銓	80,000	41.4176	41.90	3,352,000	1,664,409	16,000	0.96%

4月14日帳上部位已回到正報酬

強度還有風險接受程度，因人而異，投資人務必了解自己的投資屬性，才能設定最適合自己的停損策略。務必記住，飆股隨時有，「停損是紀律，亂砍是情緒。」時時檢視，天天思考，持盈保泰才能長久在市場上獲利。

第5章
必勝心法——
躋身產業投資贏家

5-1 心法1》選股前 把產業方向放在第一位

　　如果要順暢使用本書所介紹的「從主流產業選飆股」功夫，還有1件非常重要的事，那就是必須練好投資過程中的交易心法，這才是真正養成厚實底氣的關鍵。即使是不打算運用趨勢投資法的投資人，也都該好好了解。

　　接下來，我會從我自創的「交易心法七龍珠」（詳見圖1），來解釋各種投資交易上的盲點，以及贏家投資思考方式，分別是：1.產業方向放第一、2.打破「沉沒成本的謬誤」、3.決定停損策略、4.避開6大心理盲點、5.提高投資勝率、6.勤學研究、7.擬定買賣策略。

看對產業，才能走向正確的方向

　　先分享第1個心法——「產業方向放第一」。其實詳細內容已經在第2章、第3章介紹過。而我要再次強調，想

圖1 學習7大心法，成為投資贏家

交易心法七龍珠

要選出飆股，必須要奠基於正確的主流產業趨勢；接著要去研究產業或相關次產業的供應鏈上中下游，從中挖掘出成長力道最強的個股。

為什麼我要不斷強調產業趨勢？因為看對產業，才能走

向正確的方向，千萬要記得──「走向正確的路，不管前方有多苦，都比站在原地更接近幸福。」

在這裡我要分享 1 則令人印象深刻的小故事。多年前，我到新竹拜訪公司後，回程時搭乘高鐵；結果搭錯方向，列車直達台中（那時高鐵剛營運，現在閉著眼睛都知道時間了）。高鐵不是環狀線，即使高鐵速度再快、再繼續搭下去，也到不了台北。因此到台中站換車前，我也只能拍個照，並用華倫・巴菲特（Warren Buffett）所說：「在錯誤的道路上，奔跑也沒有用。」這句話來打卡留念。

所以做任何事情之前，一定都要先清楚方向及自己的初衷，不然一旦走歪就很難補救，或是要花更多心力才能導正，所以「Do the right thing」自然可以事半功倍。當產業方向沒有抓對時，再怎麼努力研究供應鏈上中下游，也找不到適合投資的標的，而白花時間研究一場後，還是得從頭再來。

其實像企業在選擇產業方向時，也都是相同的道理，選對變飆股、選錯變枯骨。以印刷電路板（PCB）產業為例，

有非常多樣化的產品應用，例如家電、電腦、手機、伺服器、網通設備、汽車、機電設備等。像是生產銅箔基板的台光電（2383）、聯茂（6213），以及載板廠欣興（3037）、南電（8046）等，就是選擇了伺服器、5G（第 5 代行動通訊技術）高速傳輸相關的 PCB 應用，因此營運的成長性及股價的漲勢，就比只做家電或中低階消費型電腦應用的 PCB 公司來得好。

再者，即使公司的營收獲利會變動，股價及投資帳戶餘額上上下下時，對的產業趨勢卻不會變動。因此當你對公司基本面有掌握，對產業面有信心，對交易面有想法，該買該賣也有定見，就會更清楚正確的做法。

人心的貪婪跟恐懼，還有主力的動向，會影響的是籌碼的變動及漲跌的速度；技術分析是可以用來輔助買賣點，以及判斷群眾心理與成本的工具；新聞是帶動風向與推波助瀾，但不是領先的資訊。因此當你可以研究對的產業與好的公司，並領先市場說出讓大家可以認同的產業故事，自然就不會被市場各種消息欺騙，甚至還會變成說故事給主力參考的人（詳見表 1）。

表1 **選股票，產業面最重要**

4大分析系統

分析系統	著眼點	功能性
產業面	選擇產業板塊	整體產業的前景與成長性，決定股價漲到哪裡去
籌碼面	留意主力籌碼動向	籌碼動向決定股價漲跌的速度
技術面	觀察股價技術線型與指標	股價的技術面，可幫助投資人選定買賣點、設定停損點
消息面	關注題材與新聞	產業或個股近期題材若有利多，對於股價有推波助瀾效果

我在教學時常說：「故事若精彩，無須另安排；產業有題材，買盤必自來。」正規的外資與投信，都是開大門走大路，賺產業供應鏈上中下游的錢、賺基本面；買進前必先深入理解公司經營方向、跟隨正派經營階層、賺大主流趨勢的錢。公司有業績、有成長、有獲利，籌碼會不會來？線型會不會轉強？答案自然是肯定的。

郭台銘有句名言：「阿里山神木成其大，4,000 年前種子掉到土裡就決定了！」我也要說：「你的股票是賺是賠、是贏是輸，早在選產業方向的那一刻就已經決定了！」這也就是為何這是交易心法重中之重的第一要點。

心法2》學會適時出場 打破「沉沒成本的謬誤」

5-2

第 2 個交易心法是必須「打破沉沒成本的迷思」。太多投資人常以成本、盈虧來做買賣決策，結果老是做錯決定。例如該放手的投資，因為捨不得損失而緊抓不放，甚至買更多攤平股價。這種謬誤，絕對是投資上最糟糕也最常犯的錯誤！

「沉沒成本謬誤」（The sunk-cost fallacy）是美國卡內基梅隆大學泰珀商學院（Carnegie Mellon's Tepper School of Business）的行銷學助理教授克里斯多福・奧利沃拉（Christopher Olivola）發表的理論。

簡單來說，沉沒成本就是無法收回的成本。在生活中我們常常會發生這種謬誤，指的是當我們對某件事物付出了時間、金錢、情感，並且希望獲得期望中的回報；不過當我們發現無法獲得相對的回報，往往不願放手，或是持續

付出,希望能夠賺回已經付出的成本,這就是沉沒成本的謬誤。而事實上,當初所付出的早已無法從這項事物中收回成本了。

而身為 2001 年諾貝爾經濟學獎得主之一的美國經濟學家約瑟夫·斯蒂格利茨(Joseph Eugene Stiglitz),使用了一個有趣的例子來解釋沉沒成本──如果你買了 1 張電影票,票價是 7 美元。看了半個小時電影後,你發現這部電影實在不值得你所支付的票價,此時你會不會選擇離開電影院呢?

如果你選擇繼續痛苦地看完這部電影,認為這樣才不會浪費買電影票的錢,那麼你正在犯下沉沒成本謬誤。那麼應該要怎麼做呢?你應該這樣想:1. 我要離開電影院,把時間花在更有意義的事情,讓人生歡愉一點、2. 我要留下來看完電影,不過我的心情會愈來愈糟。

總之,絕對不會是「沒看完電影會浪費 7 美元」,因為不管你要繼續看完,或是站起來離開電影院,你都拿不回買電影票的成本,這 7 美元就是已經失去的沉沒成本。

再舉一個例子。被家暴卻不願意離婚，很多的狀況就是覺得已投入太多感情與心力，不甘心就此放手讓過去一切打水漂，這也是 1 種沉沒成本謬誤。因為不管離不離婚，已經付出的感情與心力都拿不回來，此刻同樣有 2 種選擇：1. 離婚，未來將能擺脫家暴的環境，迎向新人生、2. 不離婚，未來將會持續遭受家暴，痛苦度日。

又例如 2 家飲料店，1 家賺錢、1 家賠錢，若下個月一定要關掉其中 1 家，撙節成本，要怎麼選擇？大部分的人會選擇留下賺錢的店，關掉賠錢的店。要思考與判斷的關鍵點，也不會是「當初哪一家店花了較多資金成本？」，而是從店址、來客數、店租、獲利率等面向去思考：「未來哪一家店可以賺更多錢？」

因此，要不要留下來看完電影？家暴婚姻是否該結束？店鋪該不該賣？應該只考慮哪種決策對未來比較好。同樣的邏輯，換成股票投資呢？很多人反而會賣掉賺錢的、留下賠錢的；不過，決定賣不賣股票的關鍵，是買進的理由消失與否，以及股票的未來性與成長性，而不是先考量成本與盈虧，這就是散戶常犯的錯誤。

是否該賣股票，應著眼未來而非歷史成本

投資上也是如此。例如，聽到朋友報了 2 檔明牌而買進。買進之後，2 檔股票的股價走勢都不如預期，你會想要賣哪一檔？

A 股票：共買了 10 張，現在賣掉會虧 1 萬元、B 股票：只買了 1 張，現在賣掉會虧 1,000 元。

陷入沉沒成本謬誤的投資人，顯然會傾向選擇賣掉 B 股票，因為損失的成本比較少。若要擺脫沉沒成本謬誤，應該要這麼思考：A 股票：公司基本面有突發壞消息，股價也已跌破重要技術線型支撐，恐怕要整理一段時間或走空，應該先停損出場；B 股票：股價下跌，不過技術面並未跌破重要支撐，產業趨勢沒變，主力也沒跑，可繼續等待反彈回升。

投資決策考量的是當下的狀況、基本面、產業的前景與未來的預估，絕對不是「買進的成本是幾塊錢」，更不是「不賣就沒損失」。而沉沒成本已經是歷史成本，不會影響接

下來你所要做的決策。所以，在做投資決策時，應排除沉沒成本的干擾。

1 場棒球比賽，好的打者必須專注在打擊，尤其是投手投出來的球。如果心中一直想著比分、眼睛一直瞄計分板，很難把球打好。同樣的，若每天看盤做決策時，心中總想著自己帳上虧損，念茲在茲過去賠多少錢的痛，要怎麼反敗為勝擊出安打？這往往是大多數投資人都會犯的謬誤。最後更別忘了──根據「事實與現況」去做決策與分析，不因「想像與希望」做判斷。

心法3》少賠大錢就是賺 決定停損策略

5-3

第 3 個心法是「決定停損策略」。交易，只有 4 種情況會發生：大賺、大賠、小賺、小賠。我認為，唯有大賠是不能犯的錯誤，因此學習停損就是避免虧大錢，少賠大錢就是賺到。

這裡先講個小故事。非洲獵人捕抓猴子，會先找 1 顆大小適中的石頭，鑿出 1 個 6 公分左右大小的石洞或壁洞；或是找到 1 個這樣的洞，然後故意在猴子面前把石頭放進石洞中。接著，當猴子也伸手進去抓，抓到石頭之後就不願意放手，這時候獵人就可以拿個布袋輕鬆捕抓手被卡住的猴子。

這個小故事可以帶給我們 2 個啟發，首先，「好奇心殺死 1 隻貓」；投資上也是如此。當你沒有評估好風險就貿然投入，操作後又不願放手，常常會被害得套牢滿手，甚

至無法翻身；再者，手中不要持有太多套牢股，活在過去，
如何走進未來？

先慮敗再求勝，投資前先設好停損點

然而許多小散戶最常犯的錯誤是，買了股票一開始就賺
錢，後來跌了捨不得賣出，再跌，索性不看不聽不管；愈
不管愈會跌，就會造成大賠的困境。投資人也可以回憶過
去虧大錢的經驗，是否都是一直在期望反彈、希望每筆交
易都不會虧損，結果就是放愈久賠愈多？這就是因為沒有
先設好停損點的緣故。

但其實一般創業開店時，也是「先慮敗再求勝」，先想
可能賠掉多少錢，再想能賺多少。所以做好停損策略是必
要的。在選股前，必須清楚知道，當情況不如預期時，要
在哪裡停損離場？或是進場前想清楚，一旦走勢不如預期、
快速下跌時，該如何處理？並且要果斷執行。

設定好停損策略這是為了讓自己遇事不慌張，那麼就會
對自己產生信心，做決策自然不會被恐慌情緒左右，這就

是蘇黎士投機定律（Zurich Axiom）提到的：「信心，就是知道如何處理最壞的狀況。」

股神華倫‧巴菲特（Warren Buffett）說過：「如果你發現自己身處在一艘不斷漏水的船上，與其花精力去補破洞，不如多花點精神想辦法換另一艘船。」當公司轉壞、股價下跌，在下跌時找支撐是件吃力不討好的事；因為下跌的速度太快，恐懼的下墜引力比樂觀引發的盲目追價還可怕，不僅底部確認不易，甚至一底還比一底低；與其每日被恐懼操弄，不如進場前先想好風險，評估損失。

投資前做好2件事，降低需要停損的機率

若要降低停損的痛感，則須先做心態轉換——「把停損當作買一張保單的保險費」。只要把停損想成是避免再虧大錢，心情就會放鬆許多。彼得‧林區（Peter Lynch）也說：「停損，是一種獲利，是一種勝利，要把停損當作買保險，保險費不能省的。」

即使決定了停損策略，對於投資人來說，實務上並不容

易執行，我鄭重建議大家，在投資前做好 2 件事，可以幫助你盡量不要面對停損的難題：

1. 一開始慎選產業，做好源頭管理

這也就是「刺蝟原則」。謹守精選產業圈，固守能力股票池，慎選持股汰弱留強，如此就能提高勝率。

2. 盡量用閒錢投資

用來投資的錢，一定要是閒錢，一旦發生大跌，也不會因為急需用錢而被迫砍股票，也不會因此影響你的正常生活。甚至要抱持這種心態──投資金額的上限，就是你能接受虧損的最大金額。

適時停損，斷尾可以求生

2020 年 3 月 10 日油價崩跌時，我就有提醒朋友趕快賣股票，就是因為想要往下找支撐是辛苦的。下跌往往是上漲的 3 倍速度，不如留得青山在，不怕沒柴燒。

例如，若在 2019 年 10 月看好台北市「東區門戶計畫」，

圖1 國產於跌破半年線13元後，又再跌27%
國產（2504）日線圖

資料來源：XQ 全球贏家

找出國產（2504）在南港有生技中心的商機，買進股票
後，順利飆漲 6 成。但是 11 月起股價就進入盤整，直到
2020 年 2 月初，可看到國產的高檔平台下緣約在 13.4
元，是重要的觀察位置。

到了 2020 年 2 月底，國產股價跌破 13.4 元，若此時
沒有停損，那麼到了 3 月 9 日跌破半年線 13 元時，也需

要盡快出場。因為既然跌破半年線，可解讀為近半年來買進賠錢的人，全部出來拋售股票，接下來恐將迎來一大段跌勢。而國產這一波下跌，更一口氣跌破年線 10.7 元的位置，最低在 3 月 19 日跌到 9.49 元，與半年線 13 元相比，跌幅達 27%（詳見圖 1）。

交易的路上，停損非常重要，小輸大贏，贏多輸少，才能長久立足在市場，並等待翻身與拼大搏大的機會來臨。重傷害無法翻本，小傷害隨時翻身。在努力的路途上，別讓自己陣亡，結束一連串虧損的最好方法，就是嚴設停損、嚴格執行！「拗單」（已經慘賠卻不願意出場）是最糟糕的交易方式，斷尾可以求生，寧賣錯，不留錯！

心法4》以實際情況做決策 避開6大心理盲點

第4個心法,就是投資人常犯的「6大心理盲點」:貪、懼、悔、盲、倖、愚,也就是貪婪、恐懼、後悔、盲從、僥倖、無知。針對每個心理盲點,詳細介紹如下:

盲點1》貪婪(漲時貪婪)

買進股票後,漲了就樂觀、跌了就悲觀。尤其在上漲階段,心中期望愈來愈高,只想賺更多,得失心愈來愈重;甚至忘記布局的策略,見獵心喜,見漲追高。有時候買的價位錯,一個反轉獲利就回吐,不可不慎。

產業隊長說:只有在漲的時候,可以把股票出在漂亮的點位。但上漲時,心中想的不該是帳上未實現獲利,而該思考對與錯。例如,這次交易正確還是錯誤?以及股票合理的目標價與營收的獲利、產業的方向、市場的氛圍、基

本面與技術面的分析等，而不是沉浸在貪婪的情緒，逆向思考是很重要的。

盲點2》恐懼（跌時恐懼）

下跌時最不應該想的是金額的虧損，這特別讓人恐懼，害怕，進而影響正確的判斷。市場恐慌時，新聞媒體充斥著壞消息；殺盤時，融資追繳的多殺多，都容易讓投資人失去理性。恐懼最常讓人在最低點時失去判斷，一次出清股票，往往接下來就開始反彈。

產業隊長說：這時該思考的也是對與錯，例如進場點位是否錯誤？基本面與獲利目標價評估錯誤否？股價下跌碰到關鍵點位時如何冷靜？要因應恐懼情緒，心若冰心，天塌不驚。

許多好股票遇到短暫的利空，只要投資人戰勝恐懼，就能脫胎換骨。戰勝恐懼的關鍵在於對股票的掌握度及心態。一般投資人最好不要用融資買股，倘若用了，也要在最有把握的股票才能用。另外，關鍵停損點位要嚴格執行，永

遠記得:「停損是紀律,亂砍是情緒!」只要能習慣掌握風險,例如這檔股票我最多就是賠 10 萬元,最壞的情況就是我在賠 10 萬元的時候砍掉認錯,有何懼哉?

盲點3》後悔(賣時後悔)

「賣掉的股票最漲、沒買的股票最飆」,這個心理盲點與折磨最難纏,但就是投資時最常發生的事情。當操作時碰到賣掉大漲、追高後大跌,必定伴隨著後悔,這是操作股票的原罪。

產業隊長說:買股是機會,賣股是智慧。股市操作永遠沒有標準答案,考驗的是大家接受現況、轉化成平常心的智慧、經驗,以及訊息的掌握。雖然這句話說起來簡單,卻需要長時間培養,不過對往後的操作心態上絕對能更上一層樓。

人生很美好,不要折磨自己,只要每天進步一點,每天遇見更好的自己。人生沒有後悔藥可吃,過去自然讓它過去,但往後要記得,不要把自己的錢當兒戲;當你輕易地

出手，錢就有可能輕易地溜走。最好學習法人，像軍師一樣擬定策略、謹慎布局。

想避免老是後悔，務必記得 3 個重點：1. 分批布局，游刃有餘，出手前多做沙盤推演；2. 想好退路，設好停損，進場前想好「不如預期該怎麼辦」；3. 接受挫折與失敗的自信心跟心理力量。

盲點4》盲從（買時盲從）

人云亦云也很常發生，主要是因為跟大家做一樣的事，會有所謂的「羊群效應」；即使集體錯誤，也會讓大家感覺安心及理所當然。例如今天半導體產業類股很強，覺得該買一些；明天 5G（第 5 代行動通訊技術）轉強，也來看看；後天汽車、家電火紅，也跟著買一點，心中沒有定見，沒有想法。

產業隊長說：盲目跟隨市場消息、新聞及他人的操作，沒有主軸沒有定見，沒有紀律沒有中心思想，只會跟大家一起沉淪。要克服盲從，一定要有自己的操作主軸與中心

思想，定好操作紀律，即使別人說某產業某個股有多好，只要不是自己有研究並定好投資策略的，都不要輕易去碰。

盲點5》僥倖（賺時僥倖）

有些交易者，憑感覺賣了股票，之後股價跌下來時，固然高興，心想好險有賣在高點，逃過一劫。那試問，如果股票又漲回去，創新高，不就又要多一次後悔——早知道當初不要那麼早賣？或者是賣完回測支撐時，後悔怎不買回來？還有些人聽到什麼都買一些，股票漲了，心中想的是：「好險我有買一些。」那怎麼不再多買一些呢？

產業隊長說：帶點運氣的僥倖，都不屬於因為正確的努力與判斷得到的結果。而總愛聽明牌東買西買的投資人，也往往賺不了大錢，因為僅用少少的資金小打小鬧，影響不了整體資金部位的報酬率。

為什麼不敢壓大、抱長？就是因為對自己買的股票了解不足、不夠肯定，才不敢進場買多。要勇敢投資自己的腦袋，決策不能心存僥倖；投資需要一步一腳印，所有累積

的辛苦點滴，最後都會湧泉般地回報，呈現最好的報酬率。

想避免自己陷入僥倖心態，一樣要回歸到正當的策略，也就是在選股與交易時有定見，用正確的做法，該賣不留戀，該買不遲疑。

盲點6》無知（憨愚無知）

亂碰不懂的商品，看到人家推薦的標的，或是別人買進後賺了大錢，即使自己根本不知道是什麼商品也去買，例如期權、權證、外幣計價風險商品等。於是，賠錢時也不知道為什麼，錢就白白消失了。別人加碼攤平，你卻「加碼躺平」？

產業隊長說：對投資要有掌握度，例如對產業、對公司業績有掌握度，勝算將大幅提升。該加碼、該停損、該換股、該賣出，自然進退有據，否則永遠都會是股市裡被收割的散戶。

上述 6 大盲點，在股市裡會重複不斷發生，折磨著投資

人的心智。請時時刻刻提醒自己，依照現實狀況做判斷，別因想像與期望做決策，才能克服人性心理的弱點，如此將會更上一層樓。在此分享一段我自創的銘言：「變動的是人心，不變的是認真的研究；變動的是情緒，不變的是持之以恆的心；變動的是股價，不變的是對的產業與主流。」

　　投資靠努力尋找機會，也要靠智慧克服人性心理的 6 大盲點。最後以陶淵明的「縱浪大化中，不喜亦不懼」與讀者共勉之。

5-5 〉心法5》充分估算＋訂定計畫 提高投資勝率

在股票市場裡，最重要的是提高勝率而非拼搏運氣。《孫子兵法》有云：「多算勝，少算不勝，而況於無算乎！」也就是戰鬥之前，有充分討論作戰計畫，估算有利、不利的條件，往往能在開戰之後取得勝利。但若戰前極少討論及估算，則容易失敗，何況完全沒有估算。第5個心法，討論的就是勝率。

機率及期望值決定報酬

要了解勝率，首先要知道機率、期望值的概念，例如有國外學者曾研究調查，獎金分別為1萬元與1,000萬元的樂透彩券，前者中獎機率1萬分之一、期望值1元；後者中獎機率為1億分之一、期望值0.1元。實驗結果是，大多數的受訪民眾選擇買第2種獎金比較高，但期望值比較低的樂透彩券。

再假設投資 A 股票可以有 20% 報酬率，B 股票有 200% 報酬率，如果沒有考慮風險的問題，大多數人都會先考慮 B；事實上，即使把風險及期望值都算出來，想必多數人還是會選 B。人心的運作如同買樂透彩券一樣，對發生事情的規模有反應，對於風險與機率的明辨相當不足。

又例如某條河流有 A、B 兩條一樣的支流，將採取兩種不同的淨化飲用水措施，以降低汙水引發的致命危險。假設只有一筆錢的情況下，改善 A 支流，可以讓汙水引發的致命危險由 5% 降低到 2%；改善 B 支流，可以讓汙水引發的致命危險由 1% 降到 0%。倘若你是環保局長，會選哪一個方案優先實施？有些人看到 0%，第一直覺會覺得 B 支流方案最好，但事實上，A 支流方案可降低的風險值卻是比較大的。

因此凡事考慮風險與期望值，會是投資路上選擇較高報酬方案、提高勝率的一大關鍵。就像是一個普通賭徒，肯定十賭九輸。因為賭場本為不公平賭局，當期望值為零時，即使賭局是公平遊戲，賭場也還有手續費，只要長久賭下去，最終一定會血本無歸。

更何況，買賣股票還要支付手續費及交易稅，頻繁地換股，不僅茫然，更容易賠上高額的手續費與交易稅。

用2口訣操作，提高投資勝率

我用「賺大賠小論輸贏、勝多敗少下功夫」這 2 句口訣教大家提高勝率，分別適合 2 種不同操作類型的人使用：

口訣1》賺大賠小論輸贏

該賺的時候大賺、看錯的時候小賠，適合內功深厚型投資人，也就是基本面內功扎實、產業面研究夠深，再搭配籌碼與技術分析能力，就能掌握波段重壓大賺。再搭配嚴格的停損法，看錯時馬上離場，寧可小賠，也永遠不要讓自己陣亡。厚積而薄發，自然可以「賺大賠小」。

這種武功高強的投資人，需要的是思考主流產業趨勢，找尋主流產業洪流裡的優質公司，等待好的價位。例如 2020 年 3 月 19 日台股跌到波段低點 8,523.63 點，當天上市櫃公司有超過 700 檔股票亮燈跌停。當時台積電（2330）跌到 250 元以下。我就在教學群組裡跟同學

們分析，國安基金要進場，台積電會不會是好選擇？跌到
250 元以下，配息 10 元的台積電，殖利率已經有 4%，
相比於美元近乎零利率的環境，外資有沒有可能心動？散
戶能不能進場？而在當天我就下單買進台積電，成本均價
約 245.5 元，成功取得落底反彈後的獲利。

口訣2》勝多敗少下功夫

　　適合技巧高超、勝率超過 6 成的投資人。例如操作 10
檔股票，6 檔賺錢、4 檔賠錢。這類投資人，除了能選擇
對的產業、掌握熱門趨勢股外，還有高超的技術分析判斷
能力，且能靈活操作，膽大心細，進出快狠準。此外，一
定要有操作紀律，當目標命中率高時，自然勝多敗少、積
小成大。這種投資，需要持續的更新自己產業的選擇與脈
動，也就是可以操作的股票檔數與主流股選擇要多，投資
雷達與視野要廣一些。

　　我在 2019 年第 3 季之前，就從珍珠奶茶風潮中發現，
手搖飲料趨勢、美中貿易戰及中國的自主可控商機，8 月
研究 5G（第 5 代行動通訊技術）基地台散熱族群……等
產業趨勢，勝率超過 8 成，這當中有不少可操作的產業及

表1 **產業隊長挖掘的飆股勝率超過8成**

2019年上半年產業隊長研究的主題及挖掘的飆股

項次	研究主題	挖掘飆股
1	手搖飲與保健藥品趨勢	六角（2732）、鮮活果汁-KY（1256）、生展（8279）
2	中國供應鏈去美化與自主可控商機	立積（4968）、穩懋（3105）、宏捷科（8086）
3	5G基地台散熱族群	泰碩（3338）、雙鴻（3324）、超眾（6230）
4	DRAM、NOR／NAND Flash	群聯（8299）、旺宏（2337）、宜鼎（5289）、力成（6239）
5	衛星與太空商機	精測（6510）、同欣電（6271）、宏觀（6568）
6	連接器變革、高速傳輸	嘉澤（3533）、健策（3653）、優群（3217）、譜瑞-KY（4966）
7	指紋辨識與晶圓光照外包	神盾（6462）、光罩（2338）

股票（詳見表1）。因為我有深厚的產業研究作為底子，只要有嚴格的操作紀律及看錯停損機制，自然可以賺大賠小、勝多敗少！

有1種投資人，永遠不知道適度休息，還有不知何時該壓大、何時該保守，這種人是賭徒。我們不是賭徒，享受

的是獲利，以及想辦法提高勝率，絕不是享受賭的感覺。
千萬不要當屁股黏在賭桌上的人。人生先有健康、幸福，
財富才會有意義。

　　在此勉勵投資人，要用法人的思維與方法訓練自己。盤
勢好的時候，持股水位可以拉高，趁勢順風順水；盤勢不
好就把持股下降，帳戶的損益金額，自然會告訴你現在是
多還是空。

5-6 心法6》重複的事情用心做 勤學研究才能進步

「操千曲而後曉聲，觀千劍而後識器。」這段話出自《文心雕龍·知音》，也就是說，掌握很多首樂曲之後才能懂得音樂，觀察過很多劍後才懂得如何識別劍器。投資也是累積的行業，就算 1 天只進步 1%，滴水穿石，累積起來也會很可觀。讓自己成為 1 位勤學的投資人，這不只是第 6 個心法，也是我勉勵大家邁向財富自由的重要心法。

投資的市場裡，知道與不知道，先知道比晚知道、一知半解與全盤了解，就是取決於勤學與否。簡單地說，資訊的落差、腦袋深度的落差，就是口袋與財富的落差，而且失之毫釐，差之千里。沒有人會因為學習而一貧如洗、傾家蕩產，但一定會有人因為學習而改變人生。陶淵明也曾說：「勤學如春起之苗，不見其增，日有所長。」

我曾在 2019 年看過一篇報導，NBA 球星雷·艾倫（Ray

Allen）長達 18 年每天固定時間起床，提早 4 小時到球場，滴酒不沾，規律練習。他說過：「你不是在比賽那一天贏得冠軍，你是在每天的練習中成為冠軍！」

實行「666法則」，研究產業趨勢

我在入行 13 年以來，實行「666 法則」，就是每天 6 點起床、每天工作 16 小時、1 週工作 6 天，早上從看報紙、電子時報、券商晨報、整理國際資訊，擬定交易策略。開盤後，負責操盤、拜訪公司；拜訪公司結束，再整理成報告；另外每週除了大量閱讀產業報告外，各大雜誌及各類型的書皆不放過。多思考、體驗生活、尋找飆股，每個部分都孜孜不倦。

每個成功都不是偶然的，我最常分享的名言就是：「當所有工作都發生在準備，奇蹟才會發生在完成。」

股票市場裡，挑困難的做，賺錢才會變簡單。像華倫‧巴菲特（Warren Buffett）一輩子醉心於財報分析、價值型投資；喬治‧索羅斯（George Soros）研究貨幣、利率、

政治與經濟；安德烈・科斯托蘭尼（André Kostolany）致力研究交易心理學；彼得・林區（Peter Lynch）由下而上尋找隱形冠軍；傑西・李佛摩（Jesse Livermore）專注於強勢板塊操作。那麼，普通的投資人，想要學大師賺錢，為何總想從輕鬆容易地開始學？我反而建議投資人從產業分析與個股基本面開始深入，一段時間累積後必有小成。

很多人會說工作與生活忙碌，沒有時間學習或是研究產業趨勢。事實上，時間用在哪裡，成就就在哪邊。事有緩急之分，你是否把不重要的事情塞滿了生活，然後把沒空當作藉口？生活中所有事情都可以按急迫性、重要性，做簡單的分類（詳見圖1）；其中，「勤學」（累積專業知識）是重要，但不是急迫的事情，可以慢點做，但不能忘了做。

如果覺得自己沒空，又想在投資上有所斬獲，或許你所需要的是先把自己1天、甚至1週的行事曆列出來，並用圖1的方式分類在不同的象限，或許會發現運用時間更有效率的方法。

簡單的事情重複做，會成為專家；重複的事情用心

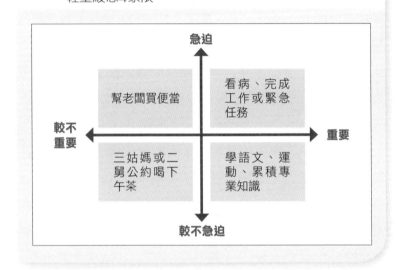

圖1 按急迫性、重要性，為生活大小事做分類
輕重緩急4象限

做，才會是贏家。英國神經學家丹尼爾‧列維廷（Daniel Levitin）說過，人類腦部需要1萬小時這麼長的時間，去理解和吸收1種知識或技能，然後才能達到大師級水準。

因此，在通往財富自由的路上，只有2種方法，1種是在勤學與努力的過程中，被幸運女神找上，例如中樂透，這是幸運；另1種是因為勤學與努力，而遇見幸運女神。

　　瑞典傳奇導演英格瑪・柏格曼（Ingmar Bergman）說：
「只有準備充分的人能夠即席表演。」我更要強調，梅花
香自苦寒來，認真的人改變自己，堅持的人改變命運。滴
水穿石的研究實力累積，是投資必經的過程，平時做好準
備，才不會錯過重要的產業趨勢，大行情來時亦能游刃有
餘地應對。

心法7》依照3種交易情況 擬定買賣策略

5-7

　　最後一個交易心法是關於買賣策略，雖然是最後一個心法，卻是關乎交易成敗的行動，畢竟如果有了之前 6 個心法的概念，但在買賣策略卻沒有做好規畫，仍然無法有好的收穫。當然，如果沒有前 6 個心法打底，即使做好策略規畫，在重要關鍵時刻也還是會犯錯。

　　談買賣策略前，要先聊一下「破窗效應」（Broken windows theory）。意思是當一個環境當中，如果發生不好的事件，且被長期忽視，就會引起其他人群起效尤，陷入更惡化的境地。

　　例如，有一間房子，破了一扇窗，如果一直不去修好它，破掉的窗戶將會愈來愈多。因為旁人會認為這間房子無人聞問，而去破壞其他窗戶，甚至誘使不肖之徒前來作惡、縱火。生活上也可能發生這樣的事件，在夜市、觀光景點，

如果垃圾桶已經塞滿垃圾，就會有人將垃圾堆在垃圾桶上方；若一直無人清理，垃圾就會愈堆愈多，因為所有人都會認為在這裡棄置垃圾是理所當然的。

要怎麼避免自己也陷入破窗效應成為破壞者？答案是堅持「勿以善小而不為，勿以惡小而為之。」投資也一樣，每筆交易都要步步為營，一警覺到有任何不對勁的時候，就要趕緊修正；一旦放任不管，事情就會愈來愈糟，最終會賠上更多的金錢，而更多的時候其實是無力可回天。

例如，進場過程中，要按照規畫的策略進行，包括何時買、如何買、買幾次；上漲時，當股價到目標價或出現賣出訊號就要離場；下跌時，留意是否碰觸到停損的關鍵點。

關於買賣策略的規畫，可簡單區分為以下 3 種情況：

情況1》順勢交易：股價上漲後伺機停利

產業跟股票都對了，買了也符合預期上漲，根據技術線型在適當點位加碼，漲到高點時，考慮絕對金額（例如獲

圖1 獲利達絕對金額時，適時停利
順勢交易步驟

進場	加碼	停利	技術面停利
	漲勢如預期，按計畫加碼	獲利達絕對金額或絕對報酬率	跌破10日線或月線時，短線部位停利

利10萬元時）、絕對報酬率（例如獲利30%時）分批停利，或是技術面跌破時（跌破10日線或更關鍵的月線），做短線部位的停利（詳見圖1、圖2）。

情況2》停損離場：股價不如預期時快刀斬亂麻

買進之後賠錢，決定執行停損；接下來必須記錄此筆交易的損失，反省在整個投資過程當中，究竟是何處下錯決策，並且牢記這一次賠錢經驗，以免下次重蹈覆徹。最後，不要氣餒，可以再接再厲重新找尋下一個投資目標（詳見圖3）。

圖2 中國軟件跌破月線時，短線部位應停利
中國軟件（陸股代號：600536）日線圖

❶進場：站上年線及所有均線，K線型態呈多頭格局、成交量放大，為進場點；❷加碼：股價如預期上漲，拉回時收盤價守住10日線，決定加碼；❸停利：初次進場的部位，報酬率已翻倍，且突破60元整數關卡，可作為絕對金額停利點；❹技術面停利：跌破月線時，短線部位應停利

資料來源：XQ全球贏家

情況3》加碼攤平：有信心再加碼，須步步為營

買進之後股價下跌而賠錢，但對此檔股票仍有信心，想趁此機會加碼以攤平成本，這個情況下又可分成2種狀態（詳見圖4）：

圖3 須記錄停損資訊，找出錯誤決策
停損離場步驟

進場 ▸ 執行停損 ▸ 記錄損失、記錄交易 ▸ 再找新目標

1.反彈成功

股價成功反彈向上，可選擇停利出場，或是股價漲過前高時再加碼，接著就可執行「順勢交易」步驟（詳見圖5）。

2.反彈失敗

股價並沒有如預期反彈，帳上仍舊虧損，就執行「停損離場」步驟（詳見圖6）。

2種金字塔型分批買法，讓交易更有彈性

買進時分批加碼，賣出時分批停利，分批進出場可以增加靈活度，避免一次全壓造成的壓力。分批進場時可分為

圖4 **若加碼後反彈成功，可選擇停利出場**
加碼攤平步驟

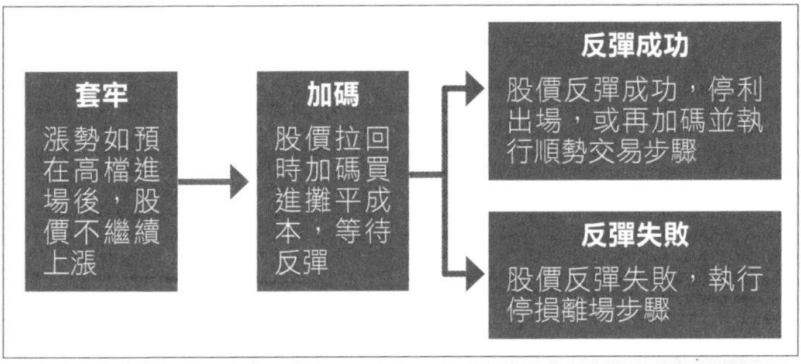

套牢	加碼	反彈成功
漲勢如預在高檔進場後，股價不繼續上漲	股價拉回時加碼買進攤平成本，等待反彈	股價反彈成功，停利出場，或再加碼並執行順勢交易步驟
		反彈失敗
		股價反彈失敗，執行停損離場步驟

2 種買法：

1.金字塔型買法：漲愈高、買愈少

　　金字塔底部最寬，頂部最窄，這種買法就是要在底部大量吸籌碼、埋伏，盤整時繼續建倉。等到股價開始噴出時，第一時間少量加碼。

　　因為在股價位階低時大量買進，股價逐漸漲高時，減少買進數量，可將成本控制在相對低的位置。至於該買進多少數量、何時停止買進，完全依資金的多少、股票的優劣

圖5 碩貝德突破前高反彈成功，宜先停利

碩貝德（陸股代號：300322）日線圖

❶套牢：假設追高在 15 元後股價下跌套牢；❷加碼：因為碩貝德是美中貿易戰、中國供應鏈自主相關受惠產業，主要生產手機等相關射頻天線，對股票及產業有信心；觀察拉回 13 元～ 14 元都是可以加碼攤平的買點，設定跳空缺口 13.07 元為多方防守點與停損點；❸停利：突破前高反彈成功，但很快就爆量留上影線，宜先停利，把低檔攤平的部位獲利先了結；❹停損：跌破月線時，部位全部出場

資料來源：XQ 全球贏家

程度、股市的狀況，由投資人自行決定。

　　例如，預計 A 股票價格看漲，以每股 20 元的價格買進 1,000 股；當價格漲到每股 23 元時，又買進 500 股。如

圖6 加碼鴻海後，未如預期反彈

鴻海（2317）日線圖

❶鴻海 K 線呈現均線多頭格局排列，假設在 90 元以上追高買進；❷股價短暫上漲後就拉回，於 87 元左右加碼攤平；❸加碼後發現並未如預期股反彈。由於是賠錢的交易加碼，停損點要設定得更嚴謹；當股價跌破月線，或是跌破高檔平台，就必須嚴格執行停損

資料來源：XQ 全球贏家

果股價再漲至 25 元，投資者認為股價仍看好，可再買進 100 股，依此類推。

優點》可追加投入成本，增加獲利機會，賺到大波段。且因高價買進的部位減少，能減少因股價下跌帶來的風險

及損失。許多投資人一開始低檔看好的時候買一點點，愈上漲愈是認同，自己也跟著腦充血，愈買愈多；結果頭重腳輕，一個長黑反轉，馬上陷入套牢的困境，這些都是沒有做好資產配置，沒有善用金字塔型買法的困擾。

缺點》一開始看錯時，因為已經大量持有，當股價不如預期時會重傷。

重點》須精準判斷個股所屬產業類別，並具備足夠的產業深度再買進，看準且進場後，也要有耐心等待股價走揚。

2.倒金字塔型買法：漲愈高、買愈多

一開始少量試單，確定真的抓到飆股之後再用力加碼，而且愈創新高愈加碼。加碼點可等待創新高價後拉回整理時買，只要趨勢沒有改變前，都可以追價。

以貴州茅台（陸股代號：600519）為例，我在 2019年 2 月初參加其越洋電話法說會後，確認成長性仍舊強勁，一開始先少量建倉；後續隨著春節銷售、糖酒會、產業整個族群上漲、市場認同度升高，以及大盤大漲等觀察與判

圖7 貴州茅台創高後再加碼，參與大波段行情

貴州茅台（陸股代號：600519）日線圖

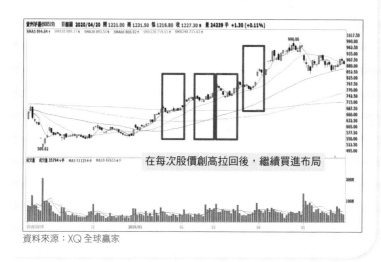

資料來源：XQ全球贏家

斷，陸續在股價創高後的均線支撐區加碼，順利參與一個大波段（詳見圖7）。

這是1種追強勢股的操作法，適用於不想等待、且能善設停損的投資人。

優點》掌握強勢股，創新高就是最強，漲最多就是主流。

　　缺點》一開始小買，最後噴出時受不了大買，一個小拉回容易倒賠。

　　重點》這種買法要有停損點與目標價時才適用，而且要做好成本及倉位控管，估算未來獲利及成長性。由於鎖定的目標是強勢股、成長股，因此使用本益成長比來估價是相當重要的。

賣股時可善用「子母操作法」

　　股票市場有句諺語：「買股是徒弟，賣股是師傅。」買股票其實比較簡單，賣股票卻很難，因為這是心理面的問題，偏偏「會賣」比「會買」來得重要！

　　很多投資人，漲時賺的錢不夠貼補下跌時的損失，就是因為在股價漲升段頻繁換股，賺的都是一小段一小段利潤。

　　但是，當股價到達高檔，完成頭部後下跌，幾乎都是以陡峭的角度殺盤，下跌速度約莫是上漲速度的 3 倍！幾天內就可以把 1 個月慢慢賺來的賠光。

為了讓賣股票時的心裡舒服，避免後悔做錯誤抉擇，我很推薦在賣股時使用「子母操作法」，訣竅如下：

1. 買進單位要買雙位數

例如 1 檔股票共買 2 張、6 張、10 張，都買「雙位數」張數。

2. 賣股時先賣一半

漲到目標價，或是漲到高檔出現技術面出場訊號（例如長黑 K 棒伴隨大量），理應要停利出場；同時又覺得市場正熱、股票變成熱門股、目標價還沒有到，賣掉可惜，這時候可以選擇賣一半留一半。

賣一半之後，若再漲上去，手上至少還有一半，可以避免悔恨。萬一跌回來，也可以更冷靜的思考，要不要再買回先前的部位。

這種做法的好處在於，已經先將部分獲利入袋，頭腦相對比較清醒，心情也會比較愉悅，磁場氣場容易進入正向迴圈，也可避免錯失飆股大漲的後悔情緒，因此這是我最

推薦的賣股法。

交易是一門藝術，拉回攤平，有人愈攤愈平直到躺平、有人反敗為勝。嚴設停損，有人多空雙巴、有人贏多輸少。追高買回，有人追高殺低，多頭市場還能大賠，有人卻能買高賣更高，賺大賠小。

再次強調，勝敗的關鍵點，其實還是對股票、對產業趨勢有沒有足夠的掌握度。產業趨勢對、股票挑得好、源頭管理做得好，買賣策略愈容易處在「順勢交易」裡，故績效愈突出：相對地，則會愈少陷入「停損離場」與「加碼攤平」裡。

有深入研究，產業趨勢也看對，抱股過程中就能處變不驚，遇到股價拉回自然敢再加碼。最後，就算看錯，也能依照上述停損的買賣策略及早停損，重新出發，不陷入後悔情緒中。經驗累積多了，自然可以實現「看對、壓大、抱長」這 6 字訣，這也是我個人投資的最高指導原則。

實戰應用——
熱門產業分析示範

6-1 分析步驟1》 從4面向解讀雲端產業商機

2020 年初爆發的新型冠狀病毒肺炎（COVID-19，以下簡稱新冠肺炎）疫情，正在影響全人類的生活。儘管許多歐美大城市得封城因應，經濟大為緊縮，但仍有產業在這波疫情當中出現明顯成長，那就是雲端產業商機。

事實上，就算是疫情平息，雲端產業仍然是未來幾年內，最具強勁成長力的重點趨勢產業之一。本書最終篇章，會應用本書所提到的幾項分析方法，帶領大家一起透視雲端產業，並從中挖掘產業當中的重要供應鏈。

所謂的「雲端運算」（cloud computing），是由軟硬體供應商，透過網際網路提供服務給使用者。也就是說，使用者只要將手機、平板電腦、筆記型電腦或個人電腦等個人資訊設備連上網際網路，購過簡單的應用程式，就可以在線上使用遠端電腦的功能，例如使用軟體、執行應用程

式、儲存資料、開發程式、運行企業⋯⋯等。

過去企業需要自己砸大錢，蓋伺服器機房及購置 IT 設備，但是這些設備有 7 成、8 成的時間是浪費的。亞馬遜（Amazon，美股代號：AMZN）的網路商店及網路書店，需要架構大量資訊設備；而平常網路流量沒那麼高的時候，亞馬遜便想到將閒置的網路流量出租，這就是雲端服務的起源。可從 4 面向解讀雲端產業商機：

面向1》處處留心皆飆股

處處留心皆飆股是抓住潛力產業趨勢的面向之一。從日常生活中早就可以發現，每個人都無法脫離雲端，而且早已深陷其中；包括用 Google 查詢資料、臉書（Facebook，美股代號：FB）貼文按讚留言、看 YouTube 影片、玩線上遊戲等。而且蒐集這些網站的使用數據會發現，Google（母公司為 Alphabet，美股代號：GOOG、GOOGL）每天有 10 億次以上的搜尋次數、Facebook 每天更有 8 億次以上的更新、影音網站龍頭 YouTube 每天有超過 40 億次的瀏覽；因此，這不只是一小撮使用者的需求，而是全球大

多數人的需求構成了雲端經濟。

　　試想早期 CD、DVD 到現在的產業典範移轉，都是自行購買音樂 CD、電影光碟，或在網路上下載檔案到電腦裡收聽與觀看；現在許多人都習慣利用網際網路，透過機上盒（STB）、中華電信的 MOD（多媒體內容傳輸平台）、線上音樂平台 YouTube 直接聽音樂及看電影。這都是因為，眾人已經習慣高速的網路，以及隨時可以上網的手機，習慣了有網路就有音樂、有網路才有一切的日子。以前是自己保存資料在光碟或電腦裡，至今的習慣已轉變為將資料存在雲端，這就是 1 種巨大的生活模式轉變。

　　其實早在 2017 年 5 月，美國科技巨擘蘋果（Apple，美股代號：AAPL）就宣布斥資 10 億美元，擴建大型資料中心，Google 在 2018 年宣布打造橫跨日本、關島、澳洲三地的環狀海底電纜，在香港及日本大阪等地擴建機房。雲端商機及公有雲儲存需求的蓬勃發展，都奠基於網路連線速度及伺服器運作。這類大型雲端資料中心所使用的伺服器，設計目的是儲存及管理資料、執行應用程式或傳遞內容或服務，例如串流視訊、網路郵件、辦公室生產力軟

體或社交媒體。因此使用者可以從任何具備網際網路的裝置在線上存取檔案及資料，而不是從本機或個人電腦加以存取，這樣就能在需要時，隨時隨地取得資訊。

例如以往在家中電腦工作，隔天要記得用隨身碟儲存資料帶到公司，忘記帶出門、隨身碟中毒或存錯檔案都是風險。但現在，可以同步儲存在 Dropbox 或 Google Drive 等雲端空間，公司電腦及個人電腦還能夠同步更新及存取，著實便利許多。

面向2》細讀產業報告，確認趨勢成長力道

根據研究機構 IDC 於 2019 年 7 月的資料，全球公共雲服務和基礎設施的支出，於 2019 ～ 2023 年的年複合成長率（Compound Annual Growth Rate，CAGR）為 22.3%。思科（Cisco，美股代號：CSCO）的預估數據也指出，超大型雲端資料中心數量於 2016 年至 2021 年的年複合成長率達 13；預估 2021 年伺服器建置在超大型雲端資料中心的占比將超過 5 成（詳見圖 1），雲端資料中心工作量占比的 CAGR 則達 22%，但傳統資料中心則

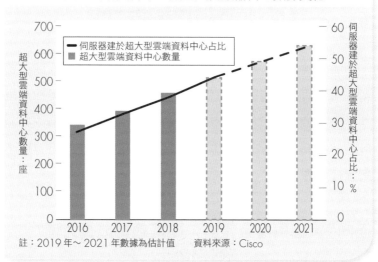

圖1 **超大型雲端資料中心數量CAGR達13%**
超大型雲端資料中心數量與伺服器占比數據變化

註：2019年～2021年數據為估計值　　資料來源：Cisco

是負成長。這些數據都顯示著，超大型資料中心及雲端中心的成長趨勢不慢，同時也佐證蘋果、亞馬遜等大廠的發展方向跟產業趨勢吻合。至於雲端服務則分為 3 種（詳見圖 2）：

①IaaS（Infrastructure as a Service，**基礎架構即服務**）
　　主要服務對象為企業 IT 部門，可提供伺服器、網路頻寬、

圖2 SaaS服務內容為線上應用軟體
雲端運算3種服務

基礎架構即服務（IaaS）

服務內容：伺服器、虛擬主機、硬體管理等
主要使用者：企業IT部門或IT管理人員
實例：Amazon AWS、Microsoft Azure、IBM Cloud等

平台即服務（PaaS）

服務內容：開發、測試及管理應用程式的平台
主要使用者：軟體開發者
實例：應用程式開發平台Google App Engine、Microsoft Azure等

軟體即服務（SaaS）

服務內容：線上應用軟體
主要使用者：終端消費者
實例：文書處理線上服務Office 365、線上郵件服務Gmail、Yahoo Mail、社群平台Facebook、Line、Instagram等

硬體設備為主的空間，也就是1種虛擬電腦的概念，知名的IaaS服務如Amazon AWS、Microsoft Azure等。

②PaaS（Platform as a Service，**平台即服務**）

主要服務對象為軟體開發者，使用者可利用雲端平台開發應用程式並進行管理，或也可以將此應用程式再提供

給終端消費者。較知名的 PaaS 服務有 Google 的 App Engine、Amazon Azure 等。

③SaaS（Software as a Service，**軟體即服務**）

主要服務對象為終端消費者，也就是如你我的一般民眾，我們不需要購買一整套軟體，只要登入雲端帳號，就可以使用線上軟體執行作業或儲存資料，最常見的如文書處理線上服務 Office 365、線上郵件服務 Gmail，甚至是線上遊戲天堂、社群平台 Facebook、Line，以及 Google 行事曆、Dropbox 雲端儲存空間……等。

其中，Iaas 是改變生活最大的基礎來源。現今許多企業都透過 Iaas 營運，例如 Uber、Airbnb、行動支付、美食外送平台 Uber Eats、Foodpanda……等都是。像是 Uber 沒有聘請計程車司機，而是透過雲端服務平台提供載客服務；美食外送平台沒有開餐廳、沒有買機車，公司靠著租用伺服器、頻寬、App，串聯起餐廳與外送員，創造了龐大外送商機。近幾年蓬勃發展的 B2C 購物網站，富邦媒（8454）、PChome 的網家（8044），也是創造了什麼都買得到、但又不須與人接觸的網路平台。觀察到這樣的

生活型態巨大改變後，自然就可以發現，終端產品導入已經不可逆。

面向3》終端產品導入就是不可逆的主流趨勢

雲端各大品牌商積極衝刺雲端商機，全球雲端服務龍頭 Amazon 在 2020 年拿下日本政府 300 億日圓的雲端大單，日本官方的人力資源系統及文件管理工具將移到雲端。2020 年新冠肺炎疫情，讓 Amazon 網購數量暴增，在美國大舉招募 10 萬人，這個電子商務王國更加壯大。

2019 年 10 月，微軟（Microsoft，美股代號：MSFT）的公用雲端服務 Azure，也贏得美國五角大樓為期 10 年、價值 100 億美元的「聯合企業防禦基礎設施」（Joint Enterprise Defense Infrastructure，JEDI）合約。市占率仍低的 Google，則訂下 2023 年內要超越微軟雲端業務的目標，企圖衝上全球雲端服務市占率第 2 名。儘管 2020 年上半年全球景氣不佳，但這些大廠在雲端業務的資本支出仍然沒有減少，估計 2020 年雲端基礎建設支出年增 3 成，因此更能確定這是趨勢之所在。

圖3 國際4大雲端服務商近3年股價齊揚

——Microsoft（美股代號：MSFT）週線圖

——Google（美股代號：GOOGL）週線圖

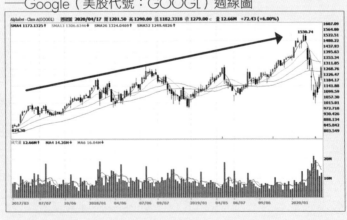

──Amazon（美股代號：AMZN）週線圖

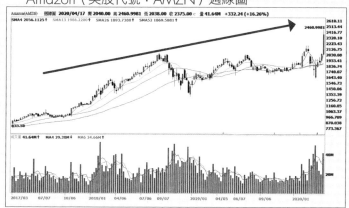

──Facebook（美股代號：FB）週線圖

資料來源：XQ全球贏家

表1 國際4大雲端服務商享有高本益比

Microsoft、Amazon、Google、Facebook市值與本益比

公司（美股代號）	市值（億美元）	本益比（倍）
Microsoft（MSFT）	13,600	31
Amazon（AMZN）	11,800	103
Google（GOOGL）	8,811	26
Facebook（FB）	5,109	28

註：1. 數據截至2020.04.17；2. 其中Google在美國的母公司名稱為Alphabet，分為A、C兩種股份，本表列出的是具有投票權的A股，股票代號為GOOGL
資料來源：Google財經

　　截至2020年3月底，微軟的市值超過1兆美元（約合新台幣30兆元），這大約是同期間台灣所有上市櫃公司總市值；這樣一家富可敵國的公司，在景氣逆風時，資本支出只會逆勢增加，趁早搶占先機。

面向4》當趨勢形成，類股將股價齊揚

　　從微軟、亞馬遜、Google、Facebook這4大雲端服務供應商的股價走勢圖（詳見圖3），不難發現這些公司這幾年的股價持續走揚，並坐擁高本益比（Price/Earnings Ratio，PER，詳見表1）。即使2020年第1季受到新冠

圖4 伺服器應用在雲端服務商的占比逐年提升

雲端服務商vs.傳統企業

註：2019 年～ 2022 年數據為估計值　　　資料來源：Cisco

肺炎疫情的影響，跌幅也不算太大。

　　雲端商機能蓬勃發展，建構在伺服器產業基礎之上，伺服器的需求又因應公有雲的建置更為大增（詳見圖4），因此可以觀察伺服器相關供應鏈的公司股價，是否也跟著走升；接下來，就能嘗試從中找到適合投資的標的。

分析步驟2》 剖析雲端白牌伺服器及次產業

6-2

　　當我們確認雲端趨勢當中的伺服器是對的產業後,可以找出當中的次產業,並了解台股當中有哪些公司能受惠而成長,接著就能透過基本面的深入研究,選出對的公司。

　　在台股當中,可找出受惠雲端商機的主要產業「伺服器代工」,以及4個次產業「高速傳輸晶片」、「遠端管理晶片」、「液冷散熱」及「伺服器PCB(印刷電路板)」。

　　產業供應鏈如緯穎(6669)、信驊(5274)、智邦(2345)、譜瑞-KY(4966)、金像電(2368)、博智(8155)、台光電(2383)等,這些公司的近3年股價走勢,也都一路向右上角行進。

　　以下就來逐一分析「伺服器代工」產業,以及4個次產業的特色。

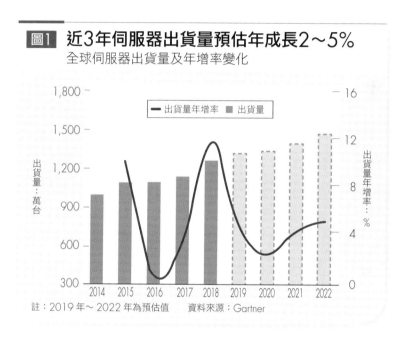

圖1 近3年伺服器出貨量預估年成長2～5%

全球伺服器出貨量及年增率變化

註：2019年～2022年為預估值　　資料來源：Gartner

白牌伺服器興起，由代工廠直接面對終端客戶

首先來看伺服器產業的成長狀況。根據市場研究機構 Gartner 預估，全球伺服器產業 2020 年至 2022 年的出貨量增長幅度不高，預估每年僅 2% ～ 5%（詳見圖 1），不過，全球最主要大型伺服器需求高成長，就是來自於微軟（Microsoft，美股代號：MSFT）、亞馬遜（Amazon，

美股代號：AMZN）、Google（母公司為 Alphabet，美股代號：GOOG、GOOGL）及臉書（Facebook，美股代號：FB）這些雲端服務企業。

這是因為，過去企業的伺服器都是跟 IBM（美股代號：IBM）、戴爾（Dell EMC，美股代號：DELL）、惠普（HP，美股代號：HPQ）等品牌廠商購買，都只能買公版的套組。如今，要買伺服器的是微軟、亞馬遜、Google、臉書這些富可敵國、王不見王、高市值的公司，它們寧可直接找伺服器代工廠訂做符合需求的伺服器。這就像是國王想吃大餐，不會每天光顧品牌餐廳，而是直接聘請私人廚師烹調客製化菜餚，也就是「御廚」的概念。

這種客戶繞過品牌廠的去中間化，直接向代工廠訂製客製化伺服器（俗稱白牌伺服器）的商業模式，就是所謂的「ODM 直接銷售」（ODM-Direct 或 Open OEM，詳見圖 2）。因此，根據 2018 年 4 月全球伺服器需求的統計數據，儘管伺服器品牌商戴爾、惠普的需求量仍占全球前 2 大，就年增率來看卻是負成長（詳見圖 3）。此時我們在看受惠的台灣代工廠時，自然要關注直接為資料中心及

圖2 傳統伺服器供應鏈須透過品牌商銷售

傳統伺服器供應鏈vs.代工廠直接銷售供應鏈

供應鏈銷售模式		零組件	組裝	品牌行銷	系統整合	終端用戶
傳統伺服器供應鏈 ODM（原廠委託設計製造）		零組件廠	ODM廠（鴻海（2317）、英業達（2356）、緯創（3231）等）	品牌商（戴爾、惠普、IBM等）		終端用戶
代工廠直接銷售供應鏈 ODM-Direct（ODM直接銷售）	模式1》客戶具備系統整合能力	零組件廠	ODM廠（緯穎（6669）、廣達（2382）、神達（3706）等）	終端用戶		
	模式2》ODM廠提供系統整合服務	零組件廠	ODM廠（緯穎、廣達、神達等）			終端用戶

註：終端用戶如 Microsoft、Amazon、Facebook、Google 等

雲端業者代工的「白牌伺服器」公司。

　　從表 1 中可以看到，替雲端大廠 Google、臉書、微軟、亞馬遜等客戶代工占比較高的是緯穎、廣達（2382，伺服器代工主要由子公司雲達負責）；而其他伺服器代工廠例

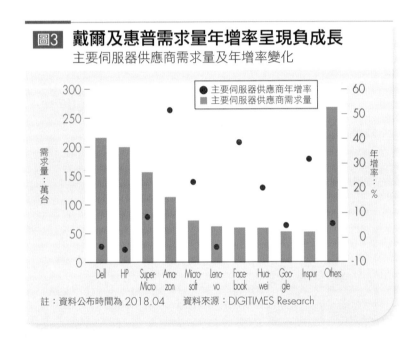

圖3 戴爾及惠普需求量年增率呈現負成長
主要伺服器供應商需求量及年增率變化

註：資料公布時間為 2018.04　　資料來源：DIGITIMES Research

如英業達（2356）、鴻海（2317），大客戶是惠普、戴爾等品牌廠，成長動能當然比較弱。

伺服器代工廠代表個股：緯穎

以上已經把產業趨勢題材、族群分析完畢，接下來我就直接來分析緯穎的基本面、籌碼面、技術面。

表1 **雲端客戶占比最高的台廠為緯穎及廣達**

台灣伺服器代工廠客戶業務占比

公司	英業達 (2356)	緯創 (3231)	緯穎 (6669)	鴻海 (2317)	廣達 (2382)	神達 (3706)	其他
惠普 (HP)	48.4	9.3	–	39.1	–	–	3.2
戴爾 (Dell EMC)	32.0	30.4	–	36.1	0.3	–	1.1
浪潮 (Inspur)	–	25.9	–	–	–	48.2	25.9
聯想 (Lenovo)	29.0	33.3	–	10.9	–	–	26.8
谷歌 (Google)	53.6	–	–	–	46.4	–	–
臉書 (Facebook)	8.2	–	57.4	–	34.4	–	–
微軟 (Microsoft)	11.9	–	61.6	13.7	7.3	–	5.5
亞馬遜 (Amazon)	16.6	–	5.9	29.6	30.0	17.8	–
美超微 (Super Micro)	–	28.4	–	–	–	–	71.6

註：1. 資料時間為 2018.04；2. 單位為 %　　資料來源：DIGITIMES Research

1.基本面分析

緯穎成立於 2012 年，為緯創子公司，緯創持股 53%。緯穎專精生產雲端運算設備，2015 年起專注於供應超大型資料中心基礎建設產品，包括伺服器及儲存器。客

戶包括 Microsoft、Facebook、推特（Twitter，美股代號：TWTR）、Amazon、聯想（Lenovo，港股代號：0992）、日本電信公司 KDDI（日股代號：9433）、軟銀（SoftBank，日股代號：9984）、戴爾、惠普、美國遊戲公司 Riot Games 等。

其中，來自 Facebook 及 Microsoft 的業務就超過 9 成。英特爾（Intel，美股代號：INTC）預計於 2020 年下半年推出 10 奈米的伺服器「Ice Lake」，緯穎已取得 2 大客戶的 Ice Lake 伺服器訂單，並進行相關研發專案。

受惠於雲端產業向上趨勢，緯穎營收年年穩健成長，2018、2019 年每股盈餘（EPS）分別為 38 元、36.42 元，外資摩根大通（J.P Morgan）並樂觀預估 2020 年、2021 年的 EPS 為 44 元、56 元，預估成長率達 20.8% 及 27%。檢視公司基本面，緯穎符合「基本分析七龍珠」5 項基本指標中的「新產品」、「高成長」及「國際級大客戶」。

本益比（Price/Earnings Ratio，PER）方面，緯穎 2020

年 3 月 20 日收盤價 611 元，以 2020 年預估 EPS 44 元計算，預估本益比為 13.9 倍（＝ 611÷44），本益成長比（Price/Earnings to Growth Ratio，PEG）則為 0.66 倍（＝ 13.9÷20.8）。

若以 2021 年預估 EPS 56 元計算預估本益比為 10.9 倍（＝ 611÷56），本益成長比則為 0.4 倍（＝ 10.9÷27）。因此，若看好緯穎到 2021 年的成長，我認為 611 元是值得進場的價位。當然，在持有過程中，也要注意緯穎獲利是否如同預估般成長。

2.籌碼面分析

觀察緯穎的股權分散表，持股 400 張以上的大股東持有張數、持有百分比及人數，自 2019 年底以來緩慢提高，表示有新主力進駐，籌碼集中度提高，有利於多頭時股價漲升（詳見圖 4）。

3.技術面分析

觀察緯穎的 K 線型態，明顯呈現上升趨勢的多頭格局（詳見圖 5），攻擊時爆量跳空，高檔時量縮沒有失控。雖然

圖4 **緯穎大股東人數自2019年底以來緩步提高**
緯穎（6669）股權分散表

資料日期	集保總張數	總股東人數	平均張數/人	>400張大股東持有張數	>400張大股東持有百分比	>400張大股東人數	400~600張人數	600~800張人數	800~1000張人數	>1000張人數	>1000張大股東持有百分比	收盤價
■ 20200306	174,782	4,760	36.72	128,485	73.51	47	22	9	4	12	61.69	725.00
■ 20200227	174,782	4,877	35.84	127,403	72.89	44	18	7	7	12	61.65	724.00
■ 20200221	174,782	4,614	37.88	128,932	73.77	46	20	7	6	13	62.27	775.00
■ 20200214	174,782	4,837	36.13	126,930	72.62	43	17	7	6	13	62.28	760.00
■ 20200207	174,782	4,667	37.45	126,955	72.64	42	15	8	6	13	62.43	735.00
■ 20200131	174,754	4,610	37.91	125,788	71.98	41	15	8	5	13	62.13	702.00
■ 20200120	174,754	4,672	37.40	125,482	71.81	39	12	7	6	14	62.70	721.00
■ 20200117	174,754	4,739	36.88	125,613	71.88	40	13	8	6	13	62.10	707.00
■ 20200110	174,754	4,469	39.10	125,290	71.70	38	11	7	7	13	62.33	704.00
■ 20200103	174,637	4,702	37.14	124,761	71.44	38	12	8	6	12	61.86	625.00
■ 20191227	174,637	4,749	36.77	124,891	71.51	39	15	9	3	12	61.95	606.00
■ 20191220	174,637	4,783	36.51	124,226	71.13	39	16	8	3	12	61.81	612.00
■ 20191213	174,637	4,937	35.37	124,119	71.07	39	15	9	3	12	61.80	619.00

資料來源：神祕金字塔

2020 年 3 月因遭遇系統性風險而跌破季線，甚至有一天跌破整數關卡 600 元；但隨著台股止穩，緯穎股價很快回神，並維持在 600 元之上（截至 2020.04.17）。

接下來，再簡單介紹伺服器產業中 4 個較重要的次產業，以及我深入研究過後，挖掘出來的代表個股。關於個股基本面的詳細分析，就讓大家按照本書分析方法，自行練習。

圖5 緯穎自2018年底以來呈現多頭格局型態

緯穎（6669）日線圖

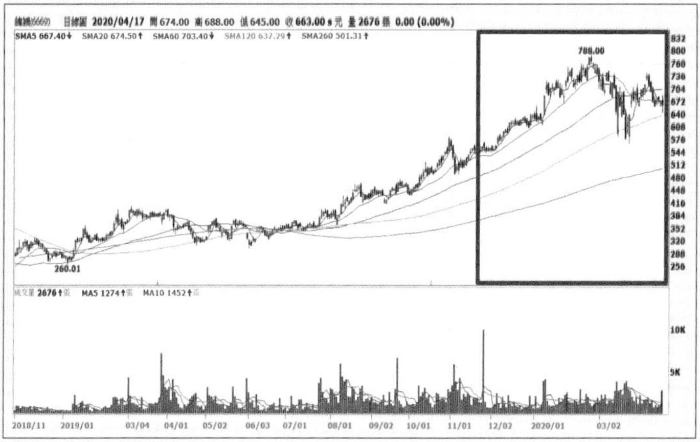

資料來源：XQ 全球贏家

次產業1》高速傳輸晶片代表個股：譜瑞-KY

雲端服務商所提供的 IaaS（Infrastructure as a Service，
基礎架構即服務），會隨著行動數據流量增加，以及資料
量的龐大，讓伺服器的運作需要切換到高速傳輸。然而整
個伺服器裡的訊號，也會隨著傳輸速度而衰竭。譜瑞-KY
是製造高速傳輸顯示器 IC 設計公司，其訊號調節晶片可以

增加高速訊號的品質，滿足傳送訊號，但減少錯誤率。

我在研究譜瑞-KY之後，發現這是一家很棒的隱形冠軍，是台灣少數有能力提供DP／eDP時序控制器介面的IC設計公司，也是蘋果公司iPad與Macbook的高速傳輸晶片唯一供應商。另外還有生產時序重定器（Retimer）晶片，可在傳輸介面速度高達每秒10Gbps以上的狀態下，維持系統設計的彈性及處理訊號衰減的問題。基於未來每個伺服器的傳輸速率都要提升的狀況下，訊號調節器及時序重定器的需求會倍增。觀察股價走勢圖，譜瑞-KY於近年也呈現多頭格局（詳見圖6）。

次產業2》遠端管理晶片代表個股：信驊

每一個伺服器也都需要有遠端管理晶片（Baseboard Management Controller，BMC），得以透過遠端控制電力循環、硬碟故障關閉風扇電源。全球第二大BMC廠信驊是台股「三千金」之一（詳見圖7，截至2020.04.17，台股超過千元股價為大立光（3008）、矽力-KY（6415）、信驊），全球市占率高達60%擁有寡占優勢；叫得出

圖6 譜瑞-KY股價近年呈現多頭上升格局

譜瑞-KY（4966）日線圖

資料來源：XQ 全球贏家

名字的國際雲端大廠全都是信驊的客戶，包括 Dell、
HP、Facebook、Amazon、Microsoft、Lenovo、甲骨文
（Oracle，美股代號：ORCL）、中科曙光（Sugon，陸股
代號：603019）、浪潮（Inspur，陸股代號：600756、
000977；港股代號：596）、百度（Baidu，美股代號：
BIDU）、阿里巴巴（Alibaba，美股代號：BABA、港股代
號：9988）、騰訊（Tencent，港股代號：700）、清華

紫光集團的新華三等。

　　檢視信驊的基本面,其新產品及新市場來自 2020 年上半年開始量產出貨 Cupola360 影像處理晶片,將成為營收新動能;信驊也已切入微型伺服器、電競專用影音延伸控制晶片,進攻奧運轉播電視牆商機。

　　2018 年、2019 年 信 驊 的 EPS 分 別 為 20.2 元、24.39 元, 由 於 英 特 爾 推 出 新 款 伺 服 器 CPU「Ice Lake」,可能讓一些伺服器有更新需求。法人預估 2020 年信驊營收年增率 24%,淨利年成長率約 20%,預估 EPS 為 29.35 元。以 1,000 元股價計算預估本益比約 34 倍(= 1,000÷29.35),以預估淨利成長率 20% 計算,本益成長比為 1.7 倍(= 34÷20),股價有偏高的狀況。

次產業3》液冷散熱代表個股:高力

　　隨著規格與用量提升,整個伺服器機櫃搭配氣冷式散熱的功耗設計,2014 年最高為 2 萬 7,000 瓦,但 2020 年已成長至 4 萬瓦,大量的熱能從 CPU 散發出來。這是因

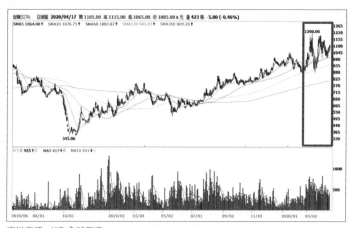

圖7 信驊股價於2019年站上千元
信驊（5274）日線圖

資料來源：XQ 全球贏家

為伺服器使用的晶片製程從22奈米到11奈米，功率愈高、散發的熱能愈高，最高功耗提升近1倍。

再加上伺服器機房裝載數百台的伺服器機櫃，室內溫度極高，為了維持正常營運，需使用空調散熱系統來控制機房溫度。因此整個資料中心，約有45%的電力是花費在空調設備上，導致一個機房若營運15年，估計高達65%～

75% 支出都在電費上！根據統計，目前資料中心用電量約占全球用電量的 2%（2019 年數據），至 2030 年則有不同的預期，以中性預期而言，估計將占全球 7.5%，悲觀預期更占 13%；若不用其他方式降低溫度，恐怕會傷害地球環境。

中國政府便及早規定要把電能使用效率（Power Usage Effectiveness，PUE 值）從 2.5 降到 1.5，於是電競產業早就在使用的液冷散熱系統，就被阿里巴巴採用來建置資料中心，發現 PUE 值直接降到 1.1，而且連噪音及損耗度都降低一半。所謂的液冷散熱，就是把 CPU 直接泡在液體裡，或是用冷板間接液冷；阿里巴巴發現單相浸沒式液冷散熱較佳，其中板式熱交換器（Chiller Distribution Unit，CDU）就是關鍵零組件。

台灣熱交換器大廠高力（8996）成立於 1970 年，主要從事燃料電池的熱交換器系統、浸沒式液冷機櫃及板式熱交換器的 ODM 代工，可依資料中心客戶需求進行客製化開發及規模生產。高力的板式熱交換器在國內的市占率超過 8 成，有 6 成的冷凍空調，都是使用高力的板式熱

交換器,全球的競爭者有 Alfa Laval、德國 GEA、日本日阪製作所（Hisaka,日股代號:6247）等國際大廠;而高力在全球的市占率約 3.3%,是台灣隱形冠軍。高力的燃料電池熱交換器則主要出貨給美國燃料電池大廠 Bloom Energy（美股代號:BE）。

多年來我曾多次前往拜訪高力,發現高力透過鴻海高層的人脈與介紹,浸沒式液冷系統成功獲得阿里巴巴專案訂單,2019 年已出貨 120 台作為認證,貢獻營收約 3,600 萬元;只要能順利通過認證,法人預估出貨台數可望有 300 台到 3,000 台,可貢獻 EPS 0.8 元到 3.8 元。預計 2020 至 2021 年放量出貨,能見度可以看到好幾年,將是高力最大的成長動能。而且公司 2020 年 2 月也公布要擴產能、買土地,都代表訂單掌握度高。

次產業4》伺服器PCB代表個股:博智、金像電

博智成立於 1995 年,生產廠房坐落於桃園,大股東為仁寶（2324）與研華（2395）,約持股 34.9% 與 7.4%,大股東籌碼相對集中。產品與客戶群定位為少量多樣化的

高質量 PCB；2018 年產品主要涵蓋伺服器 65%、工業電腦 24%、網通（Switch、Router（路由器）為主）8%、其他 3%。博智以高階網通應用 PCB 為主，坐擁伺服器、100G Switch 雙題材！

博智的營運自 2019 年第 4 季至 2020 年重回成長軌道，訂單能見度更佳，2020 年英特爾及超微半導體（AMD，美股代號：AMD）Server 都進入新世代 CPU 平台，在 5G（第 5 代行動通訊技術）世代下有助提升基礎建設商機。從研究報告看到，法人預估博智 2020 年營收年增率 43.5%，獲利成長 1 倍，EPS 高達 8.7 元，以 150 元左右股價計算預估本益比約 17 倍，為合理範圍，股價守在高檔平台區（詳見圖 8）。

金像電則是全球第二大 NB 板廠（市占率 20%）及國內最大伺服器 PCB 板廠，產品通過思科認證，產品比重為伺服器 40%、網通 30%、NB 20%。客戶包含廣達、仁寶、緯創、三星（Samsung，韓股代號：005930）、蘋果（Apple，美股代號：AAPL）、亞馬遜、思科（Cisco，美股代號：CSCO）、惠普、戴爾等。受惠雲端伺服器、資

圖8 博智營運重回成長，股價突破2018年高點

博智（8155）日線圖

資料來源：XQ 全球贏家

料中心及網通產品等中高階訂單增溫，業績自 2019 年下半年重回成長軌道，2019 年第 4 季單季獲利就讓全年業績由虧轉盈。

在新型冠狀病毒肺炎（COVID-19，以下簡稱新冠肺炎）疫情下，遠距作業需求攀升反而增加國際電商及雲端大廠加速資料中心的建置，提升伺服器與網通設備需求，而民

眾消費端也增加 NB 買氣。金像電受惠大趨勢，稼動率已達 9 成，法人估計 2020 年營收成長近 1 成，EPS 則可望成長 10 倍至 2.7 元。2020 年 3 月雖也因為遭遇系統性風險，卻在落底後很快反彈創新高，股價衝上預估 10 倍本益比的價位（詳見圖 9）。

尋找產業趨勢新星

以上過程都是我透過實地拜訪、新聞解析、閱讀研究報告找到趨勢；並從上中下游供應鏈管理，找到主流產業，找到「大客戶御廚」概念的 OEM DIRECT 商業模式；再透過我研究公司基本面的 5 項指標、籌碼面、技術面等，挖出譜瑞-KY、信驊、緯穎、高力、金像電、博智等投資標的。

上述這些公司在 2020 年新冠肺炎肆虐下，基本面幾乎毫髮無傷，還有的股價甚至創新高，這就是所謂「跟隨趨勢走，憂慮不須有」。

此次發生百年難得一見的股災，看到我們不相信的事情叫做恐懼，但是相信你看不到的事情叫做信念。雖然覆巢

圖9 金像電股價於2020年4月創下新高

金像電（2368）日線圖

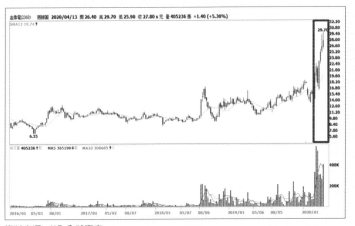

資料來源：XQ全球贏家

之下無完卵，系統性的崩跌後，貨幣及財政的救市政策紛紛興起，市場悲觀情緒濃烈，但是產業興衰卻區別很大。例如研究5G產業及研究觀光產業，就是截然不同的選擇，因此股票價格自然有強弱之分。只要在對的主流產業趨勢下選股，依照本書當中與大家分享的方法，包括找成長的產業趨勢、分析供應鏈、基本面七龍珠選股法，搭配籌碼面與技術分析……等，進一步確認買進時機，並採取適當

的交易策略,就能夠站在勝利的那一方。

　　所以即使大盤不好,還是可以拋開你的憂慮,選擇對的產業當作護城河。而且不只雲端商機,另外像是中國新基礎建設概念股、宅經濟概念股、B2C 電子商務、老藥新用、5G(基礎建設、散熱、光纖、終端設備、5G 手機)、AI(Artificial Intelligence,人工智慧)、車用電子,穿戴式裝置、物聯網(Internet of Things,IoT)、AMD 概念股、防疫概念股(口罩、快篩試劑、額溫槍、原料藥等)、高殖利率隱形冠軍、太空商機、連接器變革……等,這些都是未來幾年內具有潛力的產業新星,在未來的典範移轉當中,也都是大家可以再去深入研究的方向。

Note

國家圖書館出版品預行編目資料

產業隊長教你看對主流產業選飆股 / 張捷著. -- 一
版. -- 臺北市：Smart智富文化, 城邦文化, 2020.05
　面；　公分
ISBN 978-986-98797-2-9(平裝)

1.股票投資 2.投資技術 3.投資分析

563.53　　　　　　　　　　　　　109004390

Smart 智富
產業隊長教你看對主流產業選飆股

作者	張　捷
企畫	黃嫈琪
文字整理	許家綸
商周集團	
執行長	郭奕伶
Smart 智富	
社長	林正峰（兼總編輯）
總監	楊巧鈴
編輯	邱慧真、施茵曼、林禺盈、陳婕妤、陳婉庭 蔣明倫、劉鈺雯
資深主任設計	張麗珍
版面構成	林美玲、廖洲文、廖彥嘉
出版	Smart 智富
地址	115 台北市南港區昆陽街 16 號 6 樓
網站	smart.businessweekly.com.tw
客戶服務專線	（02）2510-8888
客戶服務傳真	（02）2503-6989
發行	英屬蓋曼群島商家庭傳媒股份有限公司城邦分公司
製版印刷	科樂印刷事業股份有限公司
初版一刷	2020 年 5 月
初版五刷	2024 年 4 月
ISBN	978-986-98797-2-9

Smart 智富 讀者服務卡

為了提供您更優質的服務，《Smart 智富》會不定期提供您最新的出版訊息、優惠通知及活動消息。請您提起筆來，馬上填寫本回函！填寫完畢後，免貼郵票，請直接寄回本公司或傳真回覆。Smart 傳真專線：（02）2500-1956

1. 您若同意 Smart 智富透過電子郵件，提供最新的活動訊息與出版品介紹，請留下
   電子郵件信箱：_____

2. 您購買本書的地點為：□超商，例：7-11、全家
   □連鎖書店，例：金石堂、誠品
   □網路書店，例：博客來、金石堂網路書店
   □量販店，例：家樂福、大潤發、愛買
   □一般書店

3. 您最常閱讀 Smart 智富哪一種出版品？
   □ Smart 智富月刊（每月 1 日出刊）　　□ Smart 叢書　　□ Smart DVD

4. 您有參加過 Smart 智富的實體活動課程嗎？　□有參加　　□沒興趣　　□考慮中
   或對課程活動有任何建議或需要改進事宜：_____

5. 您希望加強對何種投資理財工具做更深入的了解？
   □現股交易　　□當沖　　□期貨　　□權證　　□選擇權　　□房地產
   □海外基金　　□國內基金　　□其他：_____

6. 對本書內容、編排或其他產品、活動，有需要改善的事項，歡迎告訴我們，如希望 Smart
   提供其他新的服務，也請讓我們知道：
   _____
   _____

您的基本資料：（請詳細填寫下列基本資料，本刊對個人資料均予保密，謝謝）

姓名：	性別：□男 □女
出生年份：	聯絡電話：
通訊地址：	

從事產業：□軍人　□公教　□農業　□傳產業　□科技業　□服務業　□自營商　□家管

您也可以掃描右方 QR Code、回傳電子表單，提供您寶貴的意見。

想知道 Smart 智富各項課程最新消息，快加入 Smart 自學網 Line@。

LINE@

● 填寫完畢後請沿著右側的虛線斯下。

104 台北市民生東路 2 段 141 號 4 樓

Smart 智富

行銷部 收

●請沿著虛線對摺，謝謝。

書號：WBSI0094A1
書名：**產業隊長教你看對主流產業選飆股**